Joel Covitz
Der Familienfluch

Joel Covitz

Der Familienfluch

Seelische
Kindesmißhandlung

Walter-Verlag
Solothurn und Düsseldorf

Originalausgabe: The Family Curse. Emotional Child Abuse.
© 1986 by Joel Covitz. Boston Massachusetts: Sigo Press 1986.
Deutsch von Dieter Kuhaupt.

2. Auflage 1993

© Walter-Verlag AG, 1992
Satz: Utesch Satztechnik, Hamburg
Druck: Nord-West-Druck, Trimbach
Einband: Walter-Verlag, Heitersheim
Printed in Switzerland
ISBN 3-530-13753-7

Inhalt

Vorwort

Wenn wir hinter das ungesund narzißtische, selbstsüchtige «Ich-zuerst»-Verhalten des Erwachsenen blicken, finden wir als Wurzel fast immer dies: In der Kindheit sind die *gesunden* narzißtischen Bedürfnisse dieses Menschen ungestillt geblieben. Die Frustration, die ein Kind empfindet, wenn es nicht unterstützt, anerkannt, geliebt und geachtet wird, kann sich in einer ganzen Reihe von Störungen niederschlagen, die, wenn das Kind erwachsen geworden ist, in einer verheerenden Kettenreaktion wiederum die nächste Generation in Mitleidenschaft ziehen – ein Teufelskreis, den ich «Familienfluch» nenne.

Diese destruktive Kette narzißtischer Störungen können wir durchbrechen, wenn wir, als erste Voraussetzung, zunächst eine Bestandsaufnahme der «elterlichen Kunst» versuchen. Kindesmißhandlung als Verhaltensmuster ändert sich immer erst dann, wenn Eltern genauer erkennen, welche Wirkung ihr Handeln auf ihre Kinder hat. Überblickt ein Elternteil nicht die Wurzeln und Folgen seiner eigenen Entwicklungsschäden, wird er seine Kinder unweigerlich in dieser oder jener Form mißhandeln. In den Kapiteln, die folgen, untersuche ich Ursachen und Auswirkungen solcher Kindesmißhandlungen im weitesten Sinne: durch Eltern, die promiskuitiv sind, tyrannisch, inzestuös, erstickend, überdistanziert, überbehütend, unterbehütend, überkritisch, eifersüchtig, unreif; Eltern, die ihre Kinder nur bedingt lieben können; Eltern, die ungesunde Vorbilder setzen in Sachen Geld, Sex, Disziplin, Tod; Eltern, die nicht imstande sind, ein Hoheslied auf das Leben ihres Kindes zu singen.

In einem – wie ich es nenne – demokratischen Familiensystem heißt das Ziel: optimale Entwicklung *aller* Mitglieder. Den

Bedürfnissen jedes Mitglieds wird der gleiche Rang eingeräumt. Leider ist dies in den meisten Familien nicht der Fall. In *The Child in the Family* schreibt Maria Montessori: «Das Kind als eigenständiges Wesen, mit eigenen spezifischen Bedürfnissen, die gestillt werden wollen, wenn es die höchsten Ziele im Leben erreichen soll, findet bis heute keine Beachtung» (S.15; dt. Übers.). Psychische Kindesmißhandlung kommt oft daher, daß das «echte Selbst», die «authentischen Gefühle» eines Familienmitglieds – meist der Kinder – nicht als gleichberechtigt (an)erkannt und geachtet werden.

Die meisten elterlichen Verhaltensfehler sind unabsichtlich. Psychische Kindesmißhandlung ist häufig das Ergebnis eines Zusammenwirkens von Mängeln in der Persönlichkeitsentwicklung der Eltern (die ihrerseits keine guten Rollenvorbilder gehabt haben) und schädlicher Einflüsse unserer Kultur, die ihre alte Hochachtung vor der Elternrolle zum großen Teil fallengelassen hat. Eltern können das Opfer des Versagens der eigenen Eltern sein; und sie können sich der zerstörerischen Konsequenzen ihres Handelns schlicht unbewußt sein.

Seelische Kindesmißhandlung, das heißt nicht nur: ein, zwei traumatische Zusammenstöße mit Vater oder Mutter. Wenn familiäre Situationen gelegentlich außer Kontrolle geraten, sind Kinder beeindruckender Flexibilität fähig. Die Fallbeispiele in meinem Buch sollen vielmehr elterliche Verhaltens*stile* veranschaulichen, die zur Mißhandlung führen; also eingewurzelte, chronisch negative Eltern-Kind-Interaktionen, die die Fähigkeit des Kindes zu gesunder Entwicklung empfindlich schmälern.

Naiv, natürlich, wäre der Glaube, Eltern könnten einfach nur durch Erkennen von Mißhandlungsverhalten zu einem seelisch völlig gesunden Erziehungsstil kommen. Eltern sind menschlich, allzumenschlich, und fehlbar; Kindererziehen ist eine Kunst, die ständiger Verfeinerung und Überprüfung bedarf. Allerdings ist Erkenntnis der Wurzeln narzißtischer Störungen – durch die Eltern wie durch die Kinder – die Voraussetzung zur Linderung ihrer Schadwirkungen.

Ich glaube an kindzentrierte Elternarbeit. Eltern haben die Pflicht, dem Kind bei seiner Reifung und bei der positiven Entfaltung seiner Fähigkeiten zur Seite zu stehen und diese Entwicklungen zu «zelebrieren». Sie müssen die Bedürfnisse der Kinder aktiv anerkennen und auf Erfüllung dieser Bedürfnisse – auf «seelische Versorgung» der Kinder – hinarbeiten. Und weil die Reifung und Entwicklung der Eltern so untrennbar mit der Reifung und Entwicklung der Kinder verwoben ist, werden Eltern, die ihren Kindern Achtung und einfühlsames Verständnis entgegenbringen, dabei fast immer auch tiefere Selbsterkenntnis gewinnen.

Viele Menschen haben zur Entstehung dieses Buches beigetragen. Allen möchte ich danken: meinen Patienten und Freunden, an deren Leben ich teilhaben durfte; meinen Redakteuren und den Verlagen als den ideellen und personellen Geburtshelfern für das Endprodukt; und vor allem schließlich meiner Frau und meinen Kindern, ohne die, als «lebende Modelle», dieses Buch nicht hätte geschrieben werden können. Manche Dinge lassen sich eben nur in einer Familie lernen.
Die Namen der Personen in den Fallstudien sind selbstverständlich geändert worden. Zur Wahrung ihrer Anonymität wurden teilweise auch die äußeren Umstände verändert wiedergegeben.

Boston, 1985   *Joel Covitz*

Die Wurzeln des Narzißmus

Zeitkrankheit Narzißmus

Jede Ära hat offenbar ihre zeittypischen Störungen. Freud diagnostizierte Hysterie als verbreitetes Leiden; der heutige Therapeut wird es eher mit Klienten zu tun bekommen, die depressiv oder zwanghaft sind oder die an einem Mangel an Zuneigung, Zuwendung und erfüllenden Beziehungen kranken.

Wenn wir die Wurzeln narzißtischer Störungen untersuchen, sehen wir, daß sie meist bis in die Kindheit zurückreichen. Auf einen einfachen Nenner gebracht: Ein Kind, dessen frühe gesunde narzißtische Bedürfnisse (nach Zuwendung, Zuneigung und Respekt wie nach Nahrung und Schutz) unerfüllt bleiben, wird es schwer haben, Kraft, Selbständigkeit und Selbstachtung zu entwickeln. Eltern, die diese frühen Bedürfnisse wiederholt ungestillt lassen, mißhandeln ihr Kind seelisch und emotional. In fast jedem Fall ist dies das Gegenteil dessen, was die Eltern beabsichtigten: Sie wollen Geborgenheit und Hilfe bieten, aber es gelingt ihnen nicht. In manchen Fällen liegt's gewissermaßen nur am mangelnden Know-how. In anderen Fällen sind die Eltern – aufgrund eigener ungestillter Urbedürfnisse – selbst derart bedürftig, daß sie die Bedürfnisse ihrer Kinder nicht erfüllen können. Solange es diesen Eltern nicht gelingt, diesen Mißhandlungskreislauf zu durchbrechen, dreht er sich weiter und zieht höchstwahrscheinlich Generation auf Generation in seinen üblen Strudel.

Gewalt gegen Kinder kommt in unserer Gesellschaft derart häufig vor, daß man sich fragen muß, in welcher Kultur wir eigentlich leben. Körperlich mißhandelte Kinder, die ins Krankenhaus eingeliefert werden, mit Wunden am Leib, die ihnen Elternwut und Elternfrust geschlagen haben, bleiben jahrelang gezeichnet. Auch emotional mißhandelte Kinder bleiben gezeichnet – die Narben fallen zunächst nur nicht so ins Auge, sind jedoch nicht minder gravierend und schwer zu heilen.

Ein Grund dafür, daß das Problem so schwierig zu lösen ist, liegt natürlich darin, daß Kinder sich im allgemeinen nicht wirksam zur Wehr setzen können. Maria Montessori sagt dazu in *The Child in the Family:* «Kein gesellschaftliches Problem ist so allumfassend wie die Unterdrückung der Kinder [...] Kein Sklave war je so sehr Eigentum seines Herrn wie das Kind Eigentum der Eltern. Niemals wurden Menschenrechte so mißachtet wie bei Kindern» (S. 14–15). Unsere Gesellschaft betrachtet Kinder als Eigentum der Eltern. Eltern besitzen ungeheure Macht, und Kinder haben, solange sie klein sind, kaum effektive Möglichkeiten, sich gegen Mißbrauch und Mißhandlungen zu verwahren. Heimgezahlt wird es der nächsten Generation. Alice Miller schreibt in *Das Drama des begabten Kindes und die Suche nach dem wahren Selbst:* «[...] aus diesen Kindern werden in zwanzig Jahren Erwachsene, die ihren eigenen Kindern alles das zurückzahlen *müssen*» (S. 115; dt. Übers.).

Werden die narzißtischen Bedürfnisse eines Kindes frustriert, äußert sich diese Frustration meist in Wut auf die Eltern oder in Depression. Wenn das Kind älter wird und «besser sozialisiert» ist, neigt es jedoch dazu, den Zorn zu unterdrücken, und sucht sich so zu verhalten, daß es die Zuneigung seiner Eltern gewinnt oder behält (manchmal eine unmögliche Aufgabe). Die verdrängte Wut und Kränkung muß irgendwann in irgendeiner Form wieder zutage treten, sei es durch Entwicklungshemmung, schlechtes Selbstbild, selbstzerstörerische Tendenzen oder durch Übernahme der gleichen Abwehrmechanismen, wie sie die Eltern einsetzen: Tyrannei, Promiskuität, unzulängliches Verhalten aller Art. In welchem Anpassungsverhalten sie sich auch niederschlägt, die zugrunde liegende Frustration verschwindet jedenfalls nicht von selbst. Erst wenn ein Kind sich durch seine eigenen Abwehrmechanismen hindurchzugraben und zu den Wurzeln des Problems vorzustoßen vermag, kann es die Folgen des elterlichen Mißhandlungsverhaltens bewältigen. Fast immer lassen sich Schatten des elterlichen Verhaltens in dem des Kindes wiederfinden. Es ist unmöglich, die familiäre Mißhandlungskette wie einen gordischen Knoten zu durchschlagen, sich völlig abzukoppeln von seinem emotionalen Erbe (im guten wie schlechten Sinn). Doch Einblick in die Grundlagen des Mißhandlungsverhaltens kann Eltern und Kindern gleichermaßen helfen, es zu ändern – wobei das Ziel sein sollte: in jeder Generation ein Schritt nach vorn.

Vor dem Unbewußten des Kindes bleibt nichts geheim, obwohl sich Eltern manchmal so verhalten, als seien die bewußten Worte und Handlungen die einzigen Botschaften, die sie ans Kind aussenden. Ein Großteil der Kommunikation mit den Kindern spielt sich nonverbal ab. Auch und gerade die unterschwelligen Botschaften werden vom Unbewußten des Kindes wahrgenommen, und es wird ein ziemlich genaues Bild von der Persönlichkeit der Eltern gewinnen. In seiner *Einführung zu Frances G. Wickes ‹Analyse der Kinderseele›* sagt C. G. Jung:

«Das Kind ist so außerordentlich verbunden und verwachsen mit der psychologischen Einstellung der Eltern, daß es nicht wunder nimmt, wenn die meisten nervösen Störungen im Kindesalter auf eine gestörte seelische Atmosphäre der Eltern zurückzuführen sind» (GW 17, §80). «Unzweifelhaft ist es für die Eltern von größtem Nutzen, die Symptome ihres Kindes im Lichte ihrer eigenen Probleme und Konflikte zu betrachten. Dies zu tun, ist Elternpflicht. Ihre Verantwortung in dieser Hinsicht reicht so weit, als es in ihrer Macht steht, ihr eigenes Leben so zu gestalten, daß es für ihre Kinder keine Schädigung bedeutet. Es wird im allgemeinen viel zu wenig betont, wie wichtig die Lebensführung der Eltern für das Kind ist, denn auf das Kind wirken Tatsachen und nicht Worte. Darum sollten die Eltern immer im Bewußtsein halten, daß sie selber gegebenenfalls die erste und hauptsächliche Quelle für die Neurose ihrer Kinder sind» (*Gesammelte Werke,* im folgenden als GW bezeichnet, Bd. 17, §84).

Man muß jedoch daran denken, daß die Eltern nicht allein für den Familienfluch verantwortlich sind. Jung schreibt, daß im Grunde «nicht die Eltern, sondern vielmehr deren Stammbäume, die Groß- und Urgroßväter und -mütter die wahren Erzeuger der Kinder seien» (GW 17, §93).

Ein Kind kann darauf programmiert werden, die Unzulänglichkeiten seiner Eltern zu wiederholen. *Katherines* Mutter beispielsweise hatte sich immer für intelligent, aber nicht für schön gehalten. Statt zu versuchen, sich damit auseinanderzusetzen, vermittelte sie ihren Kindern die Idee, daß nur Intelligenz zähle – nicht Attraktivität oder soziale Gewandtheit oder Freundschaften. Ihre Söhne und Töchter wurden zwar intellektuell ausgebildet, wuchsen ansonsten aber zu «Sozialtrotteln» heran. Katherine bekam anerzogen, nicht auf ihre Kleidung und ihr Aussehen zu achten. Sie war immer sauber, beschrieb sich aber selbst als die Art Kind, dessen Kniestrümpfe ewig halb herunterhingen und dessen Haar verstrubbelt war. Ihre gesamte Garderobe bestand aus abgelegten Stücken ihrer Cousinen. Make-up war in diesem Haushalt verpönt. Die Kinder wuchsen heran in dem Glauben, sie seien intelligent, aber häßlich, was de facto nicht stimmte. Besonders Katherine hatte dann soziale Anpassungsschwierigkeiten. Sie war ein Opfer des Familienfluchs.

Wie später noch zur Sprache kommen wird, ist es fast unmöglich, sich restlos vom Familienfluch zu befreien. Doch Eltern *können* einen Blick entwickeln für die Auswirkungen des Fluchs auf ihre Kinder und können darauf hinarbeiten, die Verhältnisse zu ändern, die ihn fördern. Sie haben Gelegenheit zu ändern, was sie ändern können, um das Leben ihrer Kinder gesünder zu machen. Wie Jung sagt, gilt «gegen die Natur [...] die Ausrede vom Nichtgewußthaben nicht» (GW 17, §91).

Die in diesem Buch angeführten Fallbeispiele aus Familien zeigen dysfunktionale Elemente des Elternseins [engl.: parenting] in unserer Kultur auf. Ein geschärfter Blick für diese abweichenden Verhaltensmuster wird, so hoffe ich, zu einem neuen Bewußtsein für die Bedürfnisse von Familienmitgliedern führen.

Die Wurzeln des Problems

Wie kann in so frühem Alter bei einem Kind so vieles derartig schieflaufen? Ich nenne zwei Hauptgründe: Defekte in der Persönlichkeitsentwicklung der Eltern, die fast stets als Kind selber in irgendeiner Weise mißhandelt worden sind, und die Frustration, die Eltern spüren, wenn sie Kinder in einer Kultur großzuziehen suchen, die die Elternrolle unterbewertet.

Auf die elterliche Persönlichkeitsentwicklung wollen wir später zu sprechen kommen; zunächst ein paar Worte Kulturkritik. Unsere Kinder sind Opfer der sich immer stärker verbreitenden Meinung, Elternarbeit und Elternsein sei lediglich ein schmutziger, mühsamer Job, der von der Selbstverwirklichung abhalte und das Leben ärmer, nicht reicher mache. Das Fehlen einer kreativen, funktionierenden Kultur des Kinderaufziehens macht sich schmerzhaft bemerkbar, wenn wir die Zerrüttungserscheinungen im heutigen Familienleben betrachten: Scheidungskinder; Trennungskinder; Kinder, kaum zehn Jahre alt, die lieber von zu Hause ausreißen und auf der Straße leben, statt sich weiter von Eltern quälen zu lassen; Kinder, die sich schwören, nie selbst Kinder zu kriegen; Kinder, die schon als Teenager Eltern werden; Kinder, die sich hassen und anderen Gewalt antun – sie alle sind Opfer, nicht nur mißhandelnder Eltern, sondern einer Kultur, die die Kunst des Elternseins abgewertet hat.

Fragt man eine junge Mutter mit zwei Kleinkindern: «Aber was *machen* Sie eigentlich mit Ihrem Leben?», so suggeriert ihr das: Die Arbeit, die du tust – Elternarbeit –, ist keiner Achtung wert. Wenn eine Kultur der Mutter- und Vaterrolle Status entzieht, kann man aus der Rolle nur noch geringe Selbstachtung gewinnen. Es ist, als strafe statt lobe die Gesellschaft Eltern für die immens wichtige Aufgabe, die sie übernehmen. Nur Jobs «draußen im Leben» scheinen solche Achtung noch zu verdienen. Eine junge Frau, deren Situation als typisch gelten kann, wollte, als ihr Kind zwei Monate war, unbedingt in den Beruf zurück, selbst unter Inkaufnahme hoher Betreuungs- und sonstiger Kosten, die ihren Verdienst fast wieder auffraßen. Nach den Gründen befragt, antwortete sie: «Ich will meine Selbstachtung nicht daraus beziehen, daß mein Mann mir sagt, daß ich heute mittag gut gekocht habe.»

Das Streben nach Selbstachtung, das Streben nach Kind *und* Berufstätigkeit, ist natürlich überhaupt nichts Negatives. Schlimm nur, daß unsere Kultur Menschen nicht mehr dazu ermutigt, Selbstachtung auch aus der Erzieher- und Elternarbeit zu beziehen. Wie es sein «sollte», beschreibt John Bowlby:

«Ein Kind braucht die Gewißheit, für seine Mutter ein Gegenstand der Freude und des Stolzes zu sein; eine Mutter braucht das Erlebnis einer Erweiterung ihrer eigenen Persönlichkeit zum Kind hin: beide haben das Bedürfnis, sich intensiv mit dem anderen zu identifizieren. Was eine Mutter für ihr Kind tut, kann nicht durch Routine ersetzt werden; es ist eine lebendige menschliche Partnerschaft, durch die es bei beiden Beteiligten zu charakterlichen Veränderungen kommt. [...] Kontinuität [ist] auch für die seelische Reifung der Mutter erforderlich [...] Ebenso wie der Säugling das Gefühl braucht, zu seiner Mutter zu gehören, braucht die Mutter das Gefühl, zu ihrem Kind zu gehören. Und nur wenn sie die aus diesem Gefühl entstehende Befriedigung erlebt, ist es für sie leicht, sich ihrem Kind ganz zu widmen. Eine solche ständige Bereitschaft [...] ist einer Frau nur dann möglich, wenn sie dadurch eine tiefe Befriedigung gewinnt, daß sie erlebt, wie ihr Kind sich entwickelt, vom Säugling durch alle Phasen der Kindheit, um dann ein unabhängiger Erwachsener zu werden. Und sie muß wissen, daß dies nur durch ihre stetige Fürsorge geschehen kann» (*Mutterliebe und kindliche Entwicklung*, S.69–70).

Statt bei *beiden* Eltern besagte «tiefe Befriedigung» zu fördern, bringt unsere Kultur es nur zuwege, daß Eltern frustriert sind, wenn das Kind, wie es sein Recht ist, «ständige Bereitschaft» fordert.

Deshalb entscheiden sich viele Paare gegen Kinder. Sie glauben, daß nur Wunschkinder statthaft seien, und betrachten Kindergroßziehen als lästige Bürde. Wenn sie auf diesem Standpunkt stehen, dann ist ihre Entscheidung wahrscheinlich nur positiv für sie selbst und ihre ungeborenen Sprößlinge. Welches Licht aber wirft dies auf unsere Kultur? Und welche möglichen Gründe stehen hinter dieser Entscheidung?

Die Beweggründe, warum jemand keine Kinder haben will, stehen meist in mehr oder minder direktem Zusammenhang zu seiner eigenen Kindheit. Hauptgrund für die Ablehnung der Elternrolle ist, daß Kinder in so negativen, funktionsgestörten Haushalten heranwachsen, daß sie instinktiv ein solches Klima oder Milieu für niemanden mehr schaffen wollen. Viele dieser Kinder haben am eigenen Leibe erlebt, was es heißt, Eltern zu haben, die sie nicht wollen. Eine Patientin erzählte mir, sie habe sich gegen Kinder entschieden, weil sie es nicht hätte ertragen können, wenn ihre Kinder sie so abgelehnt hätten, wie sie ihre Mutter und ihre Mutter ihre Großmutter abgelehnt habe.

Wer keine Kinder will, hegt diesen Wunsch meist schon, so lange er zurückdenken kann. Diese Menschen haben die Kindheit als Desaster empfunden und fühlen kein Verlangen, am Kreislauf des Sich-Fortpflanzens mitzuwirken. Im Lichte ihrer Erfahrungen mag dies eine verständliche Entscheidung sein. Doch die zunehmende Zahl solcher Entscheidungen stellt einen traurigen Kommentar zum heutigen Familienleben dar. Im Zeitalter des Individualismus ist der Wunsch «keine Kinder» jedermanns Recht – kann aber ein tragischer Irrtum sein.

Die individuelle Situation

Um Art und Ausmaß einer emotionalen Kindesmißhandlung zu bestimmen, muß jede Familie im Licht ihrer individuellen Situation untersucht werden. Die Familie als Institution ist eines; die einzelne Familie ein anderes. Jedes Element der Eltern-Kind-Beziehung wird durch diese Spezifizität beeinflußt. Wenn wir unseren Blick auf eine Familie richten, dann haben wir eine einmalige Kombination von Hoffnungen, Bildungsinhalten, Stärken und Wünschen vor uns. Das Kind kennt seine konkreten Milieugegebenheiten und stellt sie in Rechnung. Ein riesiger Unterschied besteht zum Beispiel zwischen einem reichen Vater, der sein Kind «arm» erzieht, und einem Vater, der tatsächlich kein Geld auf dem Konto hat.

Keiths Vater, ein College-Professor, sagte zu seinem Sohn: «Als ich so alt war wie du, mußte ich jobben, um zu studieren. Ich mußte mir für meine gesamte Bildung das Geld selber verdienen, und das erwarte ich von dir genauso.» Keith sah das Verquere in der Argumentation seines Vaters: Weil Keiths Großvater gestorben war, als Keiths Vater sechs war, mußte dieser schon als Heranwachsender arbeiten gehen und war in der unteren Mittelschicht großgeworden. Mittlerweile aber gehörte der Vater der oberen Mittelschicht an, wo es üblich ist, daß Eltern die Ausbildung der Kinder finanziell (mit)tragen. Keiths Vater tat so, als sei er sozioökonomisch auf einer tieferen Stufe stehengeblieben; er verschloß sich den spezifischen Bedürfnissen und Erwartungen seiner Familie. Er begriff oder merkte nicht, daß zur Elternkunst untrennbar die Entwicklung der Fähigkeit gehört, sich mit der Familiensituation auseinanderzusetzen, wie sie ist – und nicht wie man sie in der Vergangenheit erlebt hat oder wie man sie sich idealerweise wünscht.

Die Entwicklung des wahren Selbst

Narziß konnte sich, nach dem griechischen Mythos, nicht von seinem eigenen Spiegelbild losreißen. Er hatte nicht den Wunsch, sein wahres Selbst zu entwickeln; er war verliebt in das, was man «das falsche Selbst» genannt hat, dasjenige, das sich nur mit den schönen, angenehmen, glücklichen Seiten des Lebens befassen will. Diese Fixierung schnitt ihn von einer breiten Sphäre menschlicher Erfahrungen und Gefühlsreaktionen wie Neid, Eifersucht und Zorn ab. Dieses Sich-nicht-auseinan-dersetzen-Wollen mit der beunruhigenden Seite des Lebens ist typisch für narzißtisch gestörte Menschen. Es gibt einen Lebens-bereich, der nicht bewußt, sondern versteckt und unzugänglich ist – eine unbekannte Seite, die Schatten genannt werden kann, da seine unbekannten Eigenschaften – ob sie gut sind oder schlecht – verborgen oder im Dunkel bleiben. Jung sagt dazu:

«Die Kindheit ist nicht nur darum von Bedeutung, weil dort einige Instinktverkrüppelungen ihren Anfang genommen haben, sondern auch darum, weil dort jene weitausschauenden Träume und Bilder, welche ein ganzes Schicksal vorbereiten, erschreckend oder ermuti-gend vor die kindliche Seele treten» (GW 8, §98).

Die Eltern tragen zu dieser Zeit eine weitgespannte Verant-wortung. Das echte Selbst ist ein Schatz, den jeder von uns zu entdecken im Begriff ist. Mißhandlungsverhalten seitens der Eltern kann die Entwicklung des wahren Selbst des Kindes hem-men.

Die Kunst des Elternseins

In einer Vorlesung *Über den Sinn der Familie* sagte Sir James Spence: «Unter anderem hat die Familie auch den wichtigen Sinn, die elterliche Kunst vor dem Aussterben zu bewahren.» Und es ist eine Kunst. Zu glauben, Vater und Mutter könnten durch bloßes «Wollen» eine gute Beziehung zum Kind erzwin-gen, ist naiv. Natürlich gehört der Wille auch dazu, aber er muß begleitet sein von dem Vorsatz, die gesunden narzißtischen Ent-wicklungsbedürfnisse des Kindes zu stillen.

Ein Kind, das vor der schwierigen Aufgabe des Heranwach-sens steht, braucht eine ganze Reihe von Dingen von seinen Eltern: Rückhalt und Unterstützung; Liebe und Ermutigung; ein Gefühl der Stabilität in der Familienbindung; liebevolle Interaktionen mit Familienmitgliedern; positive Rollenmodelle; und das Gefühl, daß seine Eltern das Leben lieben. Ein Kind muß sich als Person, als unverwechselbares Individuum, «gemocht» fühlen.

Eltern, die in diesem Sinn unterstützen, dienen als Katalysatoren für das Kind und helfen ihm, sein Potential zu entfalten. Eltern sollen Begeisterung und Lebensbejahung vermitteln können – und sollten nicht allzu objektiv sein. Will ein Kind von durchschnittlicher Intelligenz Arzt werden, wird der Berufsberater in der Schule, objektiv wie er ist, dem Kind wahrscheinlich davon abraten. Eine so strenge, rational-objektive Sicht ziemt sich für Eltern häufig nicht. Schafft es das Kind beispielsweise nicht, in seinem Heimatland zum Medizinstudium angenommen zu werden, kann es eventuell immer noch im Ausland studieren. Eltern müssen für das Kind alle nur möglichen Chancen phantasieren und ausspinnen. In *Macht als Gefahr beim Helfer* schreibt Guggenbühl-Craig:

> «Eltern geben sich oft bewußten oder halbbewußten Phantasien über die Zukunft ihrer Kinder hin [...] Sehr häufig haben diese Phantasien [...] ihren Ursprung in einer an sich richtigen Schau des Kindes; dessen latente Möglichkeiten werden schöpferisch gesehen» (S.32).

«Wenn ich bei den Bostoner Symphonikern spiele, verdien' ich dann soviel Geld wie Daddy?» fragte mein kleiner Sohn einmal meine Frau. Wir erkannten, daß wir ihn in der Idee bestärken sollten «Eines Tages spiele ich vielleicht bei den Symphonikern». Später wird sich das Kind mit der Realität seiner Chancen ohne einen fördernden Mittler auseinanderzusetzen haben. Am Anfang aber ist es wichtig, die Träume des Kindes zu unterstützen: diese Unterstützung dient dem Kind als vitale Energiequelle, als motivierender seelischer Brennstoffvorrat, darüber hinaus vielleicht auch als Teil jener psychischen Energie, die es braucht, um sich eigene Möglichkeiten zu erschließen.

Die Eltern tragen als Katalysatoren dazu bei, daß das Kind sich in eine Richtung entfaltet, die es als richtig empfindet.

Elterliche Erwartungen können freilich auch frustrieren, können «erschlagen». Da das Kind vom Unbewußten seiner Eltern stark beeinflußt wird, wird es eine gewisse Tendenz zeigen, sich den unbewußten Wünschen seiner Eltern zu fügen oder anzupassen. Findet ein Kind beispielsweise, daß es keine eigenen Kinder will, haben wahrscheinlich die Eltern – zumindest auf unbewußter Ebene – nicht gewollt, daß ihr Kind Kinder bekommt, oder haben selbst keine Kinder gewollt. Die Eltern mochten das Kindergroßziehen als Hemmschuh betrachtet haben, der ihre eigene Entwicklung bremste. Sie haben ihren Entschluß, Kinder zu bekommen, möglicherweise bereut; haben das Kind als «Fehlleistung» betrachtet.

Eltern müssen auch flexibel sein, müssen, wenn es angebracht ist, Einflüssen nachgeben können, aus der Erkenntnis heraus, daß das Kind oft weiß, was für es am besten ist. Eltern müssen sensibel sein für die sich wandelnden Bedürfnisse des Kindes. Unterstützende Eltern können auch einmal dem Kind folgen, statt es immer nur zu führen; sie lassen das Kind sein Schicksal selbst entwerfen.

Kinder, die an Magersucht (Anorexia nervosa) leiden und sich dabei durch Selbst-Aushungern dem Tod ausliefern, stammen typischerweise aus Familien, in denen ihre Bedürfnisse scheinbar voll befriedigt wurden, in Wirklichkeit aber ungestillt blieben. Hilde Bruch schreibt in *Der goldene Käfig:*

> «Es kann kein Zweifel sein, daß diese Kinder körperlich, materiell und bildungsmäßig wohl versorgt wurden [...aber] all die guten Dinge wurden bereitgestellt, ohne daß sie auf die Bedürfnisse und Wünsche des Kindes selbst genau zugeschnitten worden wären» (S.59).

Eltern wirken an der Entwicklung des Selbstbildes des Kindes auf starke, kaum zu überschätzende Weise mit. Eltern können, wie die Eltern magersüchtiger Kinder, nominell vollkommen das

Richtige tun und doch das Kind in seiner Entwicklung verkümmern lassen, wenn sie es an Wärme und Unterstützung fehlen lassen. «Lehrstoff ist das unerläßliche Mineral», sagt Jung, «Wärme aber das Lebenselement der wachsenden Pflanze sowohl wie der kindlichen Seele» (GW 17, §249).

Ein Kind muß wissen, daß seine Eltern *leben*, nicht nur überleben, und daß sie nicht ausschließlich für ihre Elternrolle leben. Mütter werden sich heute der Notwendigkeit bewußter, ihre eigenen Bedürfnisse zu entwickeln, sei es im Rahmen einer Berufstätigkeit oder im häuslichen Rahmen. Wenn Eltern für ihr eigenes Leben Begeisterung zeigen können, erfüllen sie eine ihrer grundlegenden Verantwortungen gegenüber ihrem Kind.

> «Kinder werden durch das erzogen, was der Erwachsene *ist*, und nicht durch das, was er schwatzt», sagt Jung drastisch (GW9I, §293). Und: «Ein Kind läßt sich gewiß imponieren durch die großen Worte der Eltern, und man scheint sogar zu glauben, daß das Kind damit erzogen werde. In Wirklichkeit erzieht das, was die Eltern leben, das Kind» (GW 6, §734).

Ansporn und Feiern

Positive Eltern geben dem Kind Ermutigung, emotionalen Rückhalt, finanzielle Unterstützung (im Rahmen ihrer Möglichkeiten) und Orientierungshilfen, um ihm ein stetes Wachstum zu ermöglichen, doch ohne ihm das Gefühl zu vermitteln, es sei unter Druck oder unzulänglich. Zum Spielen eines Musikinstruments kann man das Kind beispielsweise anspornen, indem man ihm ein gutes Instrument zur Verfügung stellt und es zu einem fähigen Lehrer schickt, zu dem sich ein Verhältnis gegenseitiger Achtung entwickeln kann. Darüber hinaus aber sollte man das Kind nicht drängen. Das Kind ist in den Händen des Lehrers, auch wenn die Eltern den Unterricht bezahlen. «Wenn du nicht übst, bekommst du auch keine Stunden mehr», soviel kann man sagen, ohne erpresserisch zu wirken – doch darüber hinaus sollte die Entscheidung dem Kind überlassen bleiben.

Eltern, die sich um den Platz des Kindes in der Gesellschaft sorgen, werden das Kind motivieren, indem sie ihm ein realistisches Bild vermitteln, wie man in unserer Gesellschaft zum Erfolg kommt: durch «Beziehungen», durch Wohnen im «richtigen» Stadtviertel, durch Besuch der «richtigen» Schulen und so weiter. Sie werden ihr Kind jedoch auch dazu ermutigen, nicht nur im Sinne der gesellschaftlichen Maßstäbe, sondern auch im Sinne seiner eigenen Maßstäbe Erfolg anzustreben und unterscheiden zu lernen zwischen angemessenen und unangemessenen Forderungen der Gesellschaft.

Der helfende Vater, die helfende Mutter wird Erfolge des Kindes feiern oder zelebrieren und dem Kind ein Gefühl des Stolzes und der Zufriedenheit geben, wenn es etwas gut gemacht hat. Das Zelebrieren oder Feiern bestätigt den Erfolg des Kindes gewissermaßen. Inadäquate Eltern andererseits zelebrieren zwar oft auch, aber nur auf narzißtische Weise: Sie geben mit dem Kind vor anderen an, führen es als narzißtisches Schaustück um ihrer selbst willen vor, unterlassen es aber, ihre Anerkennung dem Kind gegenüber zum Ausdruck zu bringen. Solche Eltern benutzen das Kind nur zum Aufpäppeln ihrer eigenen niedrigen Selbstwertschätzung. Gut, sie wollen, daß ihr Kind Erfolg hat, und sie freuen sich darüber, aber sie teilen ihr Glück nicht mit dem Kind. Die Erfolge des Kindes werden vorausgesetzt und für selbstverständlich gehalten.

Depressive Eltern sind überhaupt unfähig, Erfolge festlich zu feiern, auch die eigenen. Angemessen stützende Eltern dagegen können *mit* dem Kind feiern, wenn die Dinge gut laufen. Dies ist eines der wirksamsten Motivationswerkzeuge, die Eltern in der Hand haben. Unterlassen Eltern das preisende Lob, kann dies als Entwicklungsbremse wirken. Ein Beispiel: *Gails* fünfzehnjährige Tochter tanzte zum erstenmal auf einer Party, und viele Leute sagten Gail, es sei ja toll, wieviel Spaß es dem Kind mache. Da sagte Gails Mutter unvermittelt: «Schau sie dir an, deine

Tochter. Du wirst noch viel Ärger mit ihr haben.» Klassischer Fall einer das Lob verweigernden Reaktion auf ein Ereignis, das des Feierns würdig gewesen wäre.

Feiern bejaht das Leben. Selbst eine Trauerfeier, ein Leichenbegängnis, hat diese Wirkung: Bestätigung, daß das Leben weitergeht. Der Tod wird als bedeutendes Ereignis erkannt. Die Notwendigkeit, große Lebensereignisse zu feiern, sollte nicht unterschätzt werden. Eine Frau, die ich kenne, erzählte mir: «Meine Eltern haben nie etwas gefeiert, keinen Geburtstag, kein Weihnachten, keinen Staatsfeiertag. Natürlich haben wir die Feiertage als solche eingehalten, aber immer mit dem Deckel drauf. Ich kann mich nicht erinnern, daß mein Vater sich mal hingesetzt und mit meiner Schwester und mir ein Spiel gespielt hätte oder daß sich meine Mutter wegen irgend etwas Komischem einmal vor Lachen ausgeschüttet hätte.» Kinder müssen sich mit der Lebensfreude *verbunden* fühlen, und diese Verbindung spüren sie erstmals durch das Beispiel ihrer Eltern.

Als besonders guter Anlaß zum Feiern eignen sich Geburtstage. Eine Tochter durfte nie jemanden an ihren Geburtstag erinnern, weil das als Geschenk-Hascherei betrachtet wurde. Die Mutter erkannte dabei nicht, daß Geburtstage viel mehr bedeuten als Geschenke; das Leben des Geburtstagskindes selbst wird dabei gefeiert.

Eltern, die sich selbst kaum angemessen feiern können, werden es noch schwieriger finden, Verdienste ihres Kindes zu feiern. *Debra* erzählte ihrer Mutter, daß sie gerade ein Haus gekauft habe und wie sehr sie sich darüber freue. Statt ihr zu gratulieren und sich mitzufreuen, begann die Mutter sofort das Haus zu bekritteln (ohne es je gesehen zu haben). Eine andere Patientin von mir rief einmal aufgeregt ihre Eltern an und erzählte begeistert, sie sei gerade zum Medizinstudium zugelassen worden. Erste Reaktion der Mutter: «Und wie willst du das bezahlen?» – ohne ein Wort der Freude oder des Zuspruchs.

Gesunde Eltern versuchen, Entscheidungen ihres Kindes zu bejahen. Sie werden beispielsweise den Entschluß des Kindes, eine Ausbildung zu machen, festlich begehen, statt nur über die Kosten zu klagen. *Mary* wollte Tänzerin werden, doch der Wunsch wurde von der Mutter nicht bestätigt, die immer nur Marys Tanzpartner lobte, aber nie sie selbst. Nie fragte die Mutter nach ihren beruflichen Tätigkeiten oder ihren Träumen; sie hatte kein Interesse daran, ihrer Tochter zu folgen. Auch *Lynnes* Vater zeigte nie Interesse für den Ehrgeiz seiner Tochter, Jura zu studieren: «Solange du ein Dach über dem Kopf hast, beklag dich nicht.» Er konnte ihre Träume nicht mit ihr zelebrieren; nur elementare Grundbedürfnisse vermochte er bestätigend anzuerkennen. Zum Feiern fähige Eltern dagegen werden dem Kind folgen und den Ereignissen im Leben des Kindes gewissermaßen Rechtskraft geben.

Gute Eltern sind ein Instrument, das ein Kind zur Entfaltung seiner Möglichkeiten motivieren kann. Sie dienen als Katalysator, indem sie Phantasien über das Kind spinnen und auch dem Kind erlauben, seine eigenen Phantasien über sein Leben auszuspinnen. Solche Eltern arbeiten mit dem Kind an der Entwicklung realistischer Erwartungen und Ziele. Sie wissen, wie man Erfolge des Kindes zelebriert, und ermutigen das Kind sogar, über sie selbst – die Eltern – hinauszuwachsen.

Bedingte und bedingungslose Liebe

Liebe ist ein Band der Zuneigung zwischen zwei Menschen und setzt voraus, daß sie nach ihren Gefühlen handeln und dem Geliebten gegenüber sich verantwortungsvoll verhalten. Bruno Bettelheim sagte gern: «Liebe genügt nicht» – und er hatte recht. Liebe zum Kind kann idealerweise bedeuten, daß man im Einklang mit den narzißtischen Bedürfnissen des Kindes handelt und ihm nach Kräften hilft, sein Potential zu verwirklichen. Zu oft aber ist Liebe mit Gefühlen von Herrschaft und Besitz verbunden und an Bedingungen und Verbindlichkeiten geknüpft.

Jedermann hat ein Bedürfnis nach bedingungsloser Liebe

durch die engeren Familienmitglieder. Unter «bedingungsloser Liebe» verstehe ich, daß die Familie das Kind subjektiv, als unverwechselbares Individuum mit Eigenwert, sieht. Dies vermittelt dem Kind das Gefühl: «Ich bin würdig, ich bin es wert, geliebt zu werden.» Die Eltern sollten «versessen» auf das Kind sein. Dies vermittelt dem Kind: «Du bist für mich etwas ganz Besonderes. Du kannst alles tun, was du dir erträumst. Ich habe unumschränktes Vertrauen in dich, und ich werde dir nach Kräften helfen, dich zu entfalten und zu verwirklichen.»

Fehlt dem Kind allerdings das Vermögen, seine Impulse zu ändern, müssen die Eltern korrigierend eingreifen. Wenn ein Kind außer Kontrolle gerät, bittet es meistens unbewußt um elterliche Autorität. Das, was in einer Familie als normales oder noch akzeptables Verhalten gelten kann, muß an Grenzen stoßen, ebenso wie auch der Erwachsene gewisse Minimalnormen einhalten muß, um gesellschaftsfähig zu bleiben. Übergroße Nachgiebigkeit, Mangel an gesunder Disziplin, ist kein Zeichen der Liebe, wie manche Eltern glauben. Antisoziales Verhalten hat nichts Niedliches an sich, weder bei Haustieren noch bei Kindern. Übernachgiebige Eltern leisten den Kindern im Hinblick auf ihr zukünftiges Bestehen in der Gesellschaft einen sozialen Bärendienst und bringen das Familiensystem in eine Schieflage. In diesem Sinne hat alle Liebe etwas Bedingtes – sie ist quasi eingerahmt von den in der Familie geltenden äußeren Normen.

Innerhalb der Grenzen des Menschlichen, auch des menschlichen Irrens, sollte dem Kind Liebe und Unterstützung gewährt werden, unabhängig von seinen Entscheidungen, seinen Vorlieben und seinem Geschmack. Bedingungslose Akzeptanz heißt zum Beispiel, daß der Sprößling das Recht hat, Krankenschwester, Feuerwehrmann oder Dichter zu werden – auch wenn andere Berufe offensichtlich «besser» wären. Eltern müssen erkennen, daß das Kind hier eventuell mehrere Entscheidungsstufen durchlaufen muß, ehe es sich endgültig auf einen Beruf festlegt; Aufgabe der Eltern ist es, ihm beim Erforschen der verschiedenen Möglichkeiten zu helfen. Voraussetzung dazu ist Flexibilität und die (An)Erkenntnis, daß es viele akzeptable Lebensstile gibt.

Leon erzählte mir einmal, seine Eltern hätten nicht mit zu seiner Schulabschlußfeier gehen wollen und hätten nur gefragt: «Welche Auszeichnungen kriegst du denn? Welche Stipendien hast du gewonnen?» Keine seiner Leistungen war für sie je gut genug. *Susan* sagte mir: «Können Sie sich vorstellen, wie das ist, wenn die Mutter einen für einen Versager hält, weil man nur Lehrerin geworden ist?» Mit ihren beiden anderen Kindern gibt die Mutter mächtig an – das eine studiert Medizin, das andere ist Rechtsanwalt –, verstummt aber sofort, wenn die Rede auf Susan kommt; Susan fühlt sich dadurch wertlos und ungeliebt.

Karl, zwanzig Jahre alt, erkannte die Bedingtheit der Liebe seiner Eltern, als er ihnen erzählte, er sei bisexuell. Dies konnte sein Vater einfach nicht akzeptieren. «Dieser Schwule! Er ist ruiniert. Wie kann ich ihn lieben?», fragte mich der Vater. Vielleicht hätte hier Familientherapie noch helfen können, aber es wäre sehr schwierig geworden bei der starren ablehnenden Haltung des Vaters. Bis es Hoffnung auf Versöhnung gibt, sollte Karl ausziehen und sein eigenes Leben beginnen. Die Unflexibilität dieses Vaters, was Entscheidungen seines Sohnes betraf, hatte zum Ergebnis, daß sich das positive Familiengefühl auflöste. Die Drohung des Ausschlusses aus dem Familiensystem ist das Gegenteil des bedingungslosen Annehmens. Ein Kind fühlt sich nur geborgen, wenn es spürt, daß seine Eltern es lieben werden, auch wenn sie mit manchen seiner Entscheidungen nicht einverstanden sind.

Viele junge Leute, die sich zwanghaft zu Menschen hingezogen fühlen, die sie nicht wiederlieben, kommen in der Therapie zur Erkenntnis, daß die Eltern sie nur bedingt geliebt haben. Sie sind als Kind dazu programmiert worden, masochistische Einbahn-Beziehungen einzugehen. Im *Goldenen Käfig* schildert Hilde Bruch die Ergebnisse bedingter Liebe bei Magersucht-Patientinnen:

Immer wieder erzählten die Mädchen, sie hätten «die Kindheit als eine Zeit voller Angst und Streß erlebt» und seien «ständig darüber besorgt» gewesen, «sie könnten für unzulänglich, für nicht gut genug gehalten werden, ihr Leben entspreche nicht den ‹Erwartungen› ihrer Eltern, sie seien in Gefahr, Liebe und Fürsorge ihrer Eltern zu verlieren. Vor Ausbruch der Krankheit unternahmen sie alle Anstrengungen, ihre Unzufriedenheit zu verbergen, und wiegten ihre Eltern in Sicherheit, indem sie sich so verhielten und so handelten, als seien sie glücklich. In endloser Wiederholung sprechen magersüchtige Mädchen davon, sie hätten das Gefühl gehabt, ‹unwürdig›, ‹unwert› und ‹undankbar› zu sein» (S.58). «Die Mädchen scheinen nicht überzeugt zu sein von ihrer inneren Substanz und ihrem Wert, und sie setzen alles daran, dem Bild zu entsprechen, das andere von ihnen haben» (S.62).

Bindung

Bindung [amerikanisch: *bonding*, was nicht nur das Anknüpfen von Beziehungen bedeutet, sondern auch das verbindene Band zwischen den Personen meint], beginnt in der Familie mit der Herstellung einer Langzeitbeziehung zwischen Mann und Frau, die beide die Verantwortung übernehmen, diese Bindung aufrechtzuerhalten. Später erweitert sich die Bindung auf die Kinder, die das Gefühl bekommen, ein wertvoller und wichtiger Teil ihres Familiensystems zu sein.

Was Eltern tun, läßt sich vereinfacht vielleicht so umschreiben: Sie bauen den Kindern ein Nest, das nicht nur aus einem Zuhause, sondern auch aus einer Langzeitbeziehung besteht. Das Ziel heißt: Vorbereitung des Kindes auf das Erwachsenenleben. Die Eltern müssen als Rollenmodelle dienen, und die Kinder werden naturgemäß viele Einstellungen und Verhaltensmuster von den Eltern übernehmen.

Eine solche Bindung ist lebenslange Verpflichtung. Das Kind braucht und erwartet diese Sicherheit von seiner Familie. Unterstützende Eltern können die Elternrolle lebenslang spielen.

Zwar wird das Verhältnis viele Wandlungen durchmachen, aber es sollte nie einen Punkt erreichen, an dem das Kind die Eltern nur noch als zwei Erwachsene unter vielen sieht. Die Fähigkeit, eine dauerhafte Liebesbindung zu einem Kind herzustellen, ist der erste Schritt bei allem Elternsein, das enthaltende Gefäß der ganzen Beziehung. Die Eltern sind die natürlichen Rollenvorbilder des Kindes; ohne diese Spezialbeziehung fehlt dem Kind eine der wesentlichen Grundlagen für kreatives Wachstum und Entwicklung. Bindung stärkt die notwendige Eltern-Kind-Beziehung und fördert die gesunde Entwicklung aller Familienmitglieder.

Eine starke Eltern-Kind-Bindung – vor allem in den frühen Jahren – ist auch ausschlaggebend dafür, ob das Kind später selbst bindungsfähig wird. Wie Michael Fordham in *Individuation in Childhood* schreibt:

«In den ersten Lebensmonaten ist es für das Kleinkind äußerst wichtig, genügend gute und befriedigende Verschmelzungserfahrungen zu machen, damit eine Grundlage für die spätere Trennung gelegt wird [...] Dennoch: Niemand trennt sich jemals wirklich von seiner Mutter, und diese Permanenz der Bindung macht im späteren Leben wiederkehrende und fruchtbare Verschmelzungszustände mit anderen möglich» (S. 57; dt. Übers.).

Die Bindung verschafft den Kindern bei den Eltern hohe «Priorität», das heißt, die Eltern verwenden viel Zeit, Kraft und Güter auf sie. Manchmal passiert es, daß Menschen, die zu Außenstehenden freundlich und generös sind, nicht den Wunsch verspüren, ihren Kindern die gleiche Achtung entgegenzubringen. Jung sagt, träfe man einen Heiligen auf der Straße, solle man dessen Heiligkeit an seinem Verhalten gegenüber seiner Frau und seinen Kindern überprüfen.

Ist die Bindung schlecht oder schwach, kann das zu schädlichem, verfrühtem Auszug aus dem Elternhaus führen. *Thomas'* Bindung zu seinen Eltern hielt nicht lange vor; es gab keine

Urloyalität zwischen Eltern und Kind. Großgezogen wurde er von seiner Oma mütterlicherseits, und dieses Überschreiten der Generationsgrenzen fand die Billigung der Eltern. Wenn seine Eltern die Stadt besuchten, wo er wohnte, besuchten sie seine Vettern, aber nicht ihn selbst. Sie machten Thomas' Tochter Geschenke, nicht jedoch seinem Sohn, womit sie den Familienfluch fortpflanzten, der hier hieß: Vernachlässigung der Söhne, Bevorzugung der Töchter. Thomas' Eltern setzten unklare Prioritäten: Sie hätten begreifen sollen, daß die Verpflichtung gegenüber dem Kind vor der Verpflichtung gegenüber der sonstigen Verwandtschaft rangieren muß.

Abhängigkeit *(bondage)* – der Gegensatz zu Bindung *(bonding)* – stellt sich ein, wenn das Band im Familiensystem zu stark, zur Fessel geworden ist. Dem Kind wird dann nicht mehr gestattet, sich zur eigenständigen Persönlichkeit zu entwickeln; es bleibt der Leibeigene der Eltern. Solche Fesselbindungen – speziell, wenn sie von älteren kranken Eltern oder von Eltern, die nur ein Kind gehabt haben, praktiziert werden – äußern sich in Forderungen wie: «Ich erwarte, daß du nie von mir wegziehst» und «Du mußt mich jede Woche besuchen, solange ich lebe.» Eine gesunde Bindung innerhalb der Familie kommt ohne solche Regeln und Fesselungen aus, weil die Bindung flexibel ist und sich mit dem Wachstum und der Entwicklung der Familienmitglieder verändert.

Das Kind weiß es am besten

Die Weisheit, die Kinder oft an den Tag legen, erwächst normalerweise aus ihrem intuitiven Verständnis für unbewußte Beziehungsmechanismen. Viele Familien handeln nach dem Grundsatz, daß Erwachsene immer alles besser wissen, doch Kinder haben oft ein besseres Gespür für ihre Bedürfnisse als Erwachsene. In einer Ernährungsstudie bei Säuglingen kam heraus, daß Babys, denen man einen breitgefächerten Speisezettel – gesunde und ungesunde Nahrung – vorsetzte, instinktiv eine ziemlich abwechslungsreiche, ausgewogene Kost wählten.

Ein Mädchen klagte mir gegenüber, ihre Mutter habe sie in der emotionalen Entwicklung nicht gefördert: «Sie hat meine Gefühle nicht erzogen – mein Fühlen hat sie in den Windeln steckengelassen.» Dies war eine zutreffende intuitive Einschätzung der Situation. *Sharon* hatte den folgenden Traum:

Ich bin mit meiner Familie zusammen, und wir packen die Sachen für eine Reise nach Mexiko. Meine Mutter packt und nimmt alle meine Schuhe, sowohl die, die zu flach sind, als auch die, die zu hoch sind. Schuhe, die ich seit der High School nicht mehr getragen habe.

Sharon glaubte, daß dies die mangelnde kritische Unterscheidungsfähigkeit der Mutter widerspiegelte; sie folgte nicht dem Kind. Ohne die Bedürfnisse ihrer Tochter zu verstehen, wollte sie, daß Sharon «Standpunkte» einnahm, die nicht mehr *paßten*, während Sharon selbst intuitiv wußte, welche «Schuhe» die richtigen für sie waren.

Einer meiner Patienten definierte überbehütende Eltern als «Leute, die andere Leute davon abhalten, sich selbst kennenzulernen und zu erkennen, was richtig für sie ist.» Auch dafür bieten Eltern von Magersüchtigen ein gutes Beispiel: Sie scheinen alles «richtig» zu machen, scheitern aber – manchmal mit tödlichem Ausgang –, weil sie dem Kind nicht *folgen* und nicht auf seine Eigenweisheit vertrauen. Hilde Bruch sagt dazu in ihrem Buch über Magersucht:

«Die freundliche Unterwürfigkeit des Kindes verdeckt die Tatsache, daß es von seinen Eltern des Rechts beraubt worden ist, ein eigenes Leben zu führen. Die Eltern haben es für ihre unbestreitbare Aufgabe gehalten, alle Pläne und Entscheidungen zu treffen, das Kind in jeder Hinsicht zu lenken und zu dirigieren» (S.56).

Eltern müssen die Geduld haben, ihre Kinder wachsen und experimentieren zu lassen. Jung sagt:

«Die gerechte Anerkennung und Würdigung der normalen Triebe führt den jungen Menschen zum Leben und verflicht ihn mit Schicksalen, die ihn weiterführen zu Notwendigkeiten und dadurch bedingten Opfern und Leistungen, welche seinen Charakter festigen und seine Erfahrungen reifen» (GW 8, §113).

Diesen Reifeprozeß können Eltern leicht abwürgen, wenn sie dem Kind nicht folgen.

Manchmal spürt ein Kind das Bedürfnis nach religiösem Engagement und Unterweisung, auch wenn die Eltern nicht in die Kirche gehen und ihren Glauben nicht praktizieren. Als eine junge Frau darum bat, zur Kirche gefahren zu werden, erwiderte ihre Mutter: «Nicht, daß wir nicht wollen, daß du gehst. Du kannst gehen, sobald du selber hinfahren kannst.» Die Tochter interpretierte diese paradoxe Aussage so, daß die Eltern nicht wollten, daß sie zur Kirche ging. Die Eltern hätten – auch wenn sie selbst ganz und gar unreligiös waren – erkennen müssen, daß ihre Tochter tastende, ihr notwendig erscheinende Gehversuche im spirituellen Bereich machte und dabei ihre Unterstützung suchte.

Manchmal wissen Kinder sogar, was für ihre Eltern am besten ist. *Jeff*, Vater zweier Kinder, hatte eine Neigung, masochistische Freundschaften zu schließen, und wurde von seinem Freund Bill mit Forderungen bombardiert. Eines Tages, kurz bevor Jeff zu einer wichtigen Reise aufbrach, rief Bill an und sagte, er habe eine schwere Kommode zu transportieren, und ob Jeff das nicht für ihn tun könne. Jeffs Sohn nahm den Anruf entgegen, beschloß aber, seinem Vater nichts davon zu sagen: Als Jeff dahinterkam und nach dem Grund fragte, antwortete der Sohn: «Glaubst du, ich hätte zugelassen, daß er dich kurz vor deiner Reise ausnutzt?»

Jeff kam zu der Erkenntnis, daß die masochistische Freundschaft seiner Tochter mit einer berechnenden Freundin sein eigenes Beispiel widerspiegelte. Als er die Freundschaft mit einem äußerst rücksichtslosen, antisozialen und sadistischem Mann aufkündigte, tat es ihm die Tochter sofort nach und brach die eigene unproduktive Beziehung ab.

Tatsächlich weiß das Kind es oft am besten, wenn man ihm auch nicht immer gestatten kann, nach seinen Intuitionen zu handeln. Eltern sollten sich sowohl der kindlichen als auch der eigenen Intuitionen bewußt sein und den Kindern folgen, ohne übernachsichtig zu sein. Das übernachsichtig behandelte Kind bekommt nicht die Chance, die Folgen seines Handelns zu akzeptieren, weil die Eltern hinter seinem Rücken alle Fehler wieder gutmachen. Das überstreng behandelte Kind andererseits, dessen Intuitionen nie beachtet werden, erhält nie die Chance zu wachsen.

Die wahren Intuitionen von Eltern und Kind fallen auf lange Sicht oft überraschend stark zusammen. Bei Entscheidungen von nur kurzfristiger Tragweite mag es Differenzen geben – welches Instrument gespielt, welche Freunde besucht, wann ins Bett gegangen werden soll, und so weiter. Eltern sollten ihre Aufmerksamkeit mehr darauf richten, den Kindern bei Entscheidungen mit *lang*fristiger Tragweite zu helfen. Ein Augenblicksfehler seitens des Kindes kann als Lernerfahrung abgehakt werden und kann sich langfristig positiv auswirken – reagieren Vater oder Mutter auf eine solche Entscheidung des Kindes jedoch hysterisch, kann das ihre Langzeitbeziehung schädigen.

Reifung, Wachstum, Entwicklung

Die Elternrolle – man spielt sie ein Leben lang. Das Kind bleibt Kind der Eltern von seiner Zeugung bis zum Tod der Eltern, doch die Beziehungen in der Familie ändern sich, wenn ihre Mitglieder sich ändern. In einem funktionierenden Familiensystem finden ständig bei allen Mitgliedern Veränderungen statt, die auf Wachstum deuten. Der Entwicklungs- und Reifeprozeß des Kindes ist ein langsamer Trennungs- und Individuationsvorgang. Er beginnt bei der Geburt und erreicht seinen Gipfel am Ende der Adoleszenz.

Freud erforschte die Entwicklungsmilieus von Kindern – Milieus, die entweder dem gesunden Wachstum des Kindes förderlich sind oder es in neurotische Störungen hineintreiben.

Das gesunde Kind beginnt sein Leben mit einer im wesentlichen dyadischen Beziehung zur Mutter. Eine Zeitlang kennt das Kind kaum jemand anderen, nur «uns zwei». Allmählich dämmert ihm, daß es andere gibt, die sowohl zu ihm als auch zur Mutter eine Beziehung haben. Die nun folgende Entwicklung triadischer Beziehungen ist entscheidend wichtig. Kann die Mutter beispielsweise nur dyadische Beziehungen eingehen, wird sie nie gestatten, daß ihr Kind Bindungen zu anderen knüpft. Dieser eifersüchtige Exklusivanspruch auf die Zuneigung des Kindes kann verheerende Folgen haben. «Man lebt nämlich ohne eine gewisse Gefährdung seiner geistigen Gesundheit nicht zu lange [...] im Schoß der Familie. Das Leben ruft den Menschen hinaus zur Selbständigkeit» (Jung, GW 5, §461).

Ein zur Triade unfähiger Mensch will nicht wachsen – er will nur gespiegelt werden, wie Narziß. Der Wunsch, keine Kinder zu haben, kann aus dieser frühen Störung erwachsen. Verhindert die Mutter alle nicht-dyadischen Beziehungen, ist das Kind als Erwachsener möglicherweise unfähig, sich ein Leben mit mehr als einer Person vorzustellen, und will daher keine Kinder. Der Erwachsene, der Angst vor der Ehe hat, das Paar, das außerhalb seines Zweierbundes keiner Freundschaften fähig ist – sie spiegeln möglicherweise diese narzißtische Störung. Wenn das Kind gesund heranwachsen soll, müssen Eltern sein Bedürfnis respektieren, die Welt zu erforschen, selber Fehler zu machen und eigene Beziehungen zu knüpfen (zum anderen Elternteil, zu Verwandten und Freunden, zu Ersatzmüttern und -vätern – Erwachsenen, die dem Kind Vorbilder sein können).

Um den Wachstumsprozeß eines Kindes im richtigen Licht zu

sehen, müssen Eltern (an)erkennen, daß nicht jede Handlung, nicht jede Aussage des Kindes endgültig ist. Eine Tochter, die eine lesbische Phase durchmacht, wird dadurch nicht unbedingt lebenslang zur Lesbierin. Ein bestimmter Berufswunsch; Unterbrechung des Studiums für ein Jahr; haarsträubende Haar- und Klcidermoden; unliebsame politische Orientierungen; Drogenexperimente (einschließlich Alkohol und Zigaretten); Gammeln; Promiskuität – all das können Wege sein, die das Kind versuchsweise einschlägt, ohne daß sie der Weisheit letzter Schluß sein müssen; sie sind vielleicht nur Experimentierstadien, Entwicklungsphasen. Eltern, die in diesen Phasen auf das Kind losgehen mit Ausdrücken wie «Schwuler», «Suffkopp», «Hure», «Penner», «Verbrecher», sind nicht sensibel für die – unter Umständen notwendigen – Experimentierbedürfnisse des Kindes.

Kinder sagen oft: «Wenn meine Eltern wüßten, was ich mache, sie würden durchdrehen.» Das Kind merkt, daß es unterschiedliche Möglichkeiten in seinem Leben durchprobieren muß. Nährende Eltern werden dann sagen: «Gut, ich sehe es erstmal mit zwei weinenden Augen, aber vielleicht ist es eben im Augenblick für mein Kind notwendig.» Der Vater, die Mutter muß imstande sein, das Band zum Kind auch dann noch aufrechtzuerhalten und es nicht verfrüht zu verstoßen oder abzustempeln.

Das elterliche Ziel heißt: Förderung optimalen Wachstums beim Kind. In seiner *Kunst des Liebens* schreibt Erich Fromm:

«Die fundamentalste Art von Liebe, die allen anderen Formen zugrunde liegt, ist [...] ein Gespür für Verantwortlichkeit, Fürsorge, Achtung und ‹Erkenntnis›, das jedem anderen Wesen gilt, sowie dem Wunsch, dieses Leben zu fördern» (S.467).

Hilfestellung der Eltern – sie kann darin bestehen, das Kind auf das, wozu es bestimmt ist, behutsam hinzuführen, aber nicht hinzustoßen. Bewertet werden sollte ihre Intervention überwiegend vom langfristigen Ergebnis her. Zwingt man ein Kleinkind zum «Aufessen», so kommt eventuell kurzfristig ein gutes Ergebnis heraus (es ißt heute abend seinen Teller leer), langfristig aber vielleicht ein schlechtes (es wird zum mäkeligen Esser sein Leben lang).

Auch die Spielzeuge, die Kinder wählen, haben Langzeitbedeutung. Das Kind, das eine Puppe will (ob Babypuppe, anatomisch richtige Puppe oder Spielzeugsoldat), manifestiert sein Bedürfnis nach Spielmaterial zum Ausagieren irgendeiner Phantasie. Manche Kinder verlangen instinktiv ein ausgestopftes Kuschel- und Schmusetier, um ihr Bedürfnis nach körperlichem Kontakt zu stillen. Puppen und Marionetten sind oft ein gutes Mittel zur Befriedigung kindlicher Rollenspielbedürfnisse. Gutes Spielzeug hilft dem Kind bei seiner Reifung. Eltern, die um die Bedeutung des Spielens wissen, werden, genau wie sie auf gesunde Nahrung achten, auch auf gesundes und förderliches Spielzeug achten. In der Werbung lautstark angepriesene Spielsachen dienen mehr dem Kommerz als der kindlichen Entwicklung. Das Kind, das seine Eltern bittet, ihm etwas «aus der Werbung» zu kaufen, ist oft den Gehirnwäsche-Techniken der Werbestrategen erlegen. Solches Spielzeug fördert seine Entwicklung nicht, sondern hemmt sie häufig sogar. An einem Laden für kreatives Spielzeug sah ich einmal den Spruch: «Das Kind, das gesund spielt, bleibt gesund.»

Hauptinformationsquelle des Kindes über die Welt sind seine Lebenserfahrungen und seine Phantasie-Ausflüge. Eltern, die das Kind von solchen Erkenntnisquellen abschneiden, mißhandeln es. *Sarah* drückte ihre Frustration darüber aus, daß ihr Vater sie keine eigenen Lernerfahrungen machen ließ: «Alles, was ich machte, war falsch. Mein Vater hat mir immer einen besseren Weg gezeigt. Ewig saß er mir im Nacken.» Solche Eltern würgen die Fähigkeit des Kindes ab, Lebenserfahrungen zu machen; sie wollen, daß das Kind nur aus den elterlichen Erfahrungen lernt.

Manche Eltern behandeln ihr Kind, als sei es ewig zehn Jahre alt. «Du wirst schon mal drei Tage ohne Sex auskommen», sagt der puritanische Vater zu seiner erwachsenen Tochter, die vom College zum Wochenende heimkommt und ihren Freund mitbringt, mit dem sie zusammenlebt. Die Grausamkeit liegt nicht in der Verweigerung sexueller Betätigung; sie liegt im grundsätzlichen Nicht-anerkennen-Wollen der Sexualität des Kindes und seines Bedürfnisses nach Beziehungen. Dies ist eine Mißhandlung, weil sie die Entwicklung des Kindes beeinträchtigt und einen wichtigen Erfahrungsbereich des Kindes zu leugnen sucht.

Eltern, die das gesunde Wachsen und Reifen ihres Kindes gut heißen und feiern können, verhelfen dem Kind zu einem, wie Alice Miller es nennt, «gesunden Narzißmus»: zum «Idealfall einer genuinen Lebendigkeit, eines freien Zugangs zum wahren Selbst, zu den echten Gefühlen» (*Das Drama des begabten Kindes und die Suche nach dem wahren Selbst,* S.11). Solche Eltern haben die Fähigkeit, den sich mit der Entwicklung wandelnden Bedürfnissen des Kindes zu folgen und ihr Verhalten entsprechend umzustellen. Sie haben die Fähigkeit, das Kind als Menschen zu sehen, der sich ständig weiterentwickelt und verändert; sie vermögen im Lebenszyklus des Kindes «mitzuwachsen». Jung sah Neurosen als Ausdruck einer Entwicklungsblockade an. Eltern, die sich nicht mit ihren Kindern weiterentwickeln, bewirken bei den Kindern womöglich ebenfalls eine Entwicklungsblockade, oder sie werden – wenn die Kinder sie übertreffen – eifersüchtig.

Geht der Reifeprozeß relativ glatt vonstatten, löst sich das Kind idealerweise von den Eltern ab und nimmt seinen eigenen Platz in der Welt ein, wie M. Esther Harding schreibt:

«Nachdem wir uns von den Eltern hinreichend befreit haben, um sie wenigstens andeutungsweise in ihrer Realität als Individuen sehen zu können, müssen wir anfangen, uns einen eigenen Platz auf der Welt zu suchen, Verantwortung für das eigene Leben zu übernehmen – den Lebensunterhalt zu verdienen, uns in die Gesellschaft einzufinden, zu heiraten, Kinder zu bekommen und großzuziehen, unseren

Anteil an der gemeinsamen Bürde zu tragen» (*The Archetypical Images of Father and Mother,* Teil VI, S.5; dt. Übers.).

Oder, mit Jungs Worten: Es ist «für das Wohlbefinden des Einzelnen erforderlich, daß er, nachdem er in seiner Kindheit bloß mitdrehendes Partikel in einem rotierenden System gewesen war, nunmehr erwachsen, selber Zentrum eines neuen Systems werde» (GW 5, §644).

Die Familie im Gleichgewicht

Eine Familie ist eine Gruppe, die sich aus eigenständigen, aber miteinander verkoppelten Individuen zusammensetzt. Die Gruppe besteht aus zwei Grundelementen: den einzelnen Familienmitgliedern und ihren Interaktionen. Ziel des demokratischen Familiensystems ist die gesunde Entwicklung aller seiner Mitglieder. Zwischen dem Kern, bestehend aus Eltern und Kindern, und dem Umfeld der sonstigen Verwandten und Bekannten wird eine scharfe Trennlinie gezogen. In der funktionsgestörten Familie ist diese Urloyalität manchmal schwach. So mag sich beispielsweise ein Vater mehr für seine Mutter verantwortlich fühlen als für seine Frau und seine Kinder.

Oft fühlen Menschen eine Spannung zwischen zwei Rollen: als Eltern haben sie die Verantwortung, die Kinder auf das Leben vorzubereiten; als Kinder haben sie die Verantwortung, den eigenen Eltern den Schmerz des Alterns und Sterbens zu erleichtern. Die Gefahr ist, daß Eltern bei Erfüllung der zweiten Verantwortung die erste – gegenüber den Kindern – vernachlässigen.

Soll ein Familiensystem funktionieren, so müssen die Generationengrenzen eingehalten werden. In der heutigen ausgeglichenen Familie sollten die Primärallianzen von Eltern und Kindern gebildet werden, mit den Großeltern als zusätzlicher Stütze. Die Großeltern können als gleichberechtigte Mitglieder des Familiensystems behandelt werden, solange ihre Bedürfnisse nicht dominieren. Die Eltern sind dafür verantwortlich, die Entwicklung ihrer Kinder zu sichern.

Paul setzte im Familiensystem falsche Prioritäten. Pauls Vater starb, als Paul fünf Jahre alt war. Seine Mutter gab ihn dann zu den Großeltern und hatte fast keinen Kontakt mehr zu ihm. Sie selbst zog zu ihren eigenen Eltern ins Ausland, und sie heiratete nicht wieder. Jahre später, als Paul geheiratet und ein Geschäft eröffnet hatte, schrieb er und bat seine Mutter, zu kommen und sich mit um die Kinder zu kümmern, während er und seine Frau arbeiteten, aber die Mutter sagte, sie wolle kein Kindermädchen spielen. Nachdem Paul jedoch erfolgreich geworden war, bekam er einen Brief von der Mutter mit der Bitte, ob sie nicht doch kommen und bei Paul und seiner Familie wohnen könne (sie hatten mittlerweile einen Babysitter und eine Köchin). Paul und seine Familie ließen sie kommen und bei sich wohnen. Einmal im Haus, mischte sie sich fortwährend in die Familienangelegenheiten ein. Dadurch, daß er immer wieder die selbstsüchtigen Wünsche der Mutter vorgehen ließ, versündigte sich Paul nun an der Primärverantwortung gegenüber Frau und Kindern und setzte sein primäres Familiensystem einer großen Belastung aus.

Die Primärallianzen in einem Familiensystem sollten zwischen Eltern und Kindern liegen. Wenn sich die Großeltern dazwischendrängen und mit den Kindern eine Koalition gegen die Eltern zu bilden suchen, bringen sie das Familiensystem aus dem Gleichgewicht, ebenso wie es eine Firma aus dem Gleichgewicht bringt, wenn sich ein Angestellter mit jedem kleinen Problem an den Aufsichtsratsvorsitzenden statt an seinen unmittelbaren Chef wendet. Ein Elternteil kann mit dem Kind auch eine Koalition gegen den anderen Elternteil bilden.

Vals Mutter schmiedete mit ihrer Tochter ein destruktives Bündnis dieser Art gegen Vals Vater, der von beiden für inkompetent gehalten wurde. Dadurch litt der gegenseitige Respekt in der Familie dauerhaften Schaden, und Val konnte nie ein positives Verhältnis zu ihrem Vater aufbauen.

In einer Organisation muß, wer ein Problem verursacht, auch ein Mindestmaß an Verantwortung dafür übernehmen. Familien sind lebenslange Systeme, in denen die Eltern in den Frühstadien fast alles tun. Für Wohl und Wehe der Familie sind sie anfangs alleinverantwortlich. Später tragen dann auch die Kinder immer mehr zum System bei.

Im demokratischen Familiensystem haben alle gewisse Grundrechte. Kein Mensch ist wie der andere; seine Individualität muß geachtet werden. Jedes Mitglied des Systems hat das Recht, sich in Wort und Tat zu äußern und zu entfalten; um das zu bitten, was es braucht; Kritik anzubringen; und zu sagen, was es auf dem Herzen hat, vorausgesetzt, der Zuhörer ist auch zum Zuhören bereit. Eltern sollten keine totale Anpassung an ihre Ansichten fordern; offene Meinungsverschiedenheiten und Diskussionen sollten erlaubt sein, fußend auf dem Grundsatz, daß jeder lernen muß, manchmal zurückzustecken und zu kooperieren.

Im demokratischen Familiensystem übernehmen die Eltern etwa für die ersten dreißig Jahre Verantwortung für das Kind. Eltern dienen als Rollenmodelle, als Entwicklungsvorlagen für das Kind, und spenden ihm zugleich Liebe. Doch Liebe wird im Familiensystem nicht nur in einer Richtung gespendet. Das Kind, das von den Eltern Zuneigung, Fürsorge und Liebe empfängt, wird normalerweise auch eine enge Gefühls- und Liebesbindung zu den Eltern entwickeln.

Im Familiensystem wachsen Eltern am Prozeß des Elternseins. In unterschiedlichen Phasen der kindlichen Entwicklung werden unterschiedliche Bereiche der elterlichen Persönlichkeit berührt, und Eltern werden auf vielerlei Weise gefordert und gezwungen, als Mensch zu reifen. Wer Kinder hat, muß lernen, seine Rollen als Mensch, Partner und Vater oder Mutter ins richtige Verhältnis zueinander zu bringen. Für die notwendigen Kompromisse im Familienleben sind Flexibilität und Reife vonnöten.

Vor der Elternrolle wegzulaufen, heißt oft, vor der eigenen Entwicklung wegzulaufen, was eine kindische Form des Narzißmus sein kann. Manche Eltern können anscheinend nur mit Kleinkindern umgehen – für die späteren Stadien der Elternarbeit sind sie zu unreif. Es gibt umgekehrt auch Eltern, die Kleinkinder hassen; was sie damit zum Ausdruck bringen, ist möglicherweise, daß sie mit der infantilen Seite ihrer Persönlichkeit nicht klarkommen. Der Wunsch, Liebe und Beistand zu bieten, und die Bereitschaft zum Kompromiß – unabdingbare Elterneigenschaften – sind lebensbereichernd. Wer keine Kinder haben will, versäumt möglicherweise wichtige Entwicklungsimpulse für sich selbst, die ihm das Kindergroßziehen gebracht hätte.

Eine meiner Bekannten, sehr erfolgreich im Beruf, war sich im Zwiespalt darüber, ob sie Kinder haben wollte. Als sie fünfunddreißig war, entschieden sie und ihr Mann sich doch für Kinder, wobei sie damit rechnete, daß sie das Gefühl haben würde, den Kindern die Karriere geopfert zu haben. Zu ihrer Überraschung merkte sie dann aber, daß sie froh war, die Karriere für das Kind aufzugeben – mit ihren Worten: «Ich hatte doch keine Ahnung, was passieren würde, als ich mich in das Kind verliebte.»

Der narzißtischen Störung
den Weg bahnen

Wichtige Fragen hinsichtlich der Gestaltung des Familienlebens und des Milieus, in dem das Kind aufwachsen wird, sollten geklärt werden, bevor das Paar heiratet. Werden Entscheidungen über Ehe, Kinderkriegen und Kindererziehung beiläufig und narzißtisch getroffen, nur aus den unmittelbaren Bedürfnissen des Paares heraus, so leiden die Kinder mit Sicherheit Schaden.

Wahl des falschen Partners

Viele Eltern schaffen von vornherein ein funktionsuntüchtiges Milieu für ihre Kinder, indem sie die Bedeutung der Ehe-Achse unterschätzen, um die sich die Familie dreht. Zwar können – bei grundsätzlicher gegenseitiger Achtung – Differenzen durchaus erfrischend sein, doch in manchen Ehen ist von vornherein kaum denkbar, daß eine befriedigende, dauerhafte Bindung zustande kommt. Schwierigkeiten gibt es oft bei Partnern, die aus sehr unterschiedlichen Bildungs- und Gesellschaftsmilieus kommen, und bei Ehen, die aus reiner Torschlußpanik eingegangen werden. Die zwischen den Eltern bestehende Bindungsqualität hat maßgeblichen Einfluß auf das Erziehungsklima.

Eine Frau mag einen Mann heiraten, den sie für einen «Verlierer» hält, aber sich mit dem Gedanken trösten, daß er ihr zumindest Kinder schenken wird. Mit tödlicher Sicherheit werden sich ihre Gefühle auf die Kinder übertragen: Sie werden wahrscheinlich die Mutter als Ränkeschmiedin und den Vater als Verlierer betrachten.

Annemarie beispielsweise erkannte, daß ihre Eltern nicht in der Lage waren, als Ebenbürtige miteinander umzugehen; immer sah einer auf den anderen herab. Die Mutter verachtete Annemaries Vater wegen seiner Alkoholprobleme und seiner Unfähigkeit, etwas anderes zu tun als Geld zu verdienen und Dinge im Haus zu reparieren. Er war ein Heimwerker, aber kein Mann. Annemarie merkte, daß ihr Vater schwach war und daß ihre Eltern nicht zusammenpaßten. Ihres Vaters Platz im Haus zeigte sich symbolisch in einem Traumbild: Im Traum sah sie ihn als «Schrotthaufen im Vorgarten».

Eine Ehe, in der *ein* Partner ein schwaches Selbstwertgefühl hat, wird höchstwahrscheinlich labil sein, weil dieser Partner den anderen als ewigen Nothelfer betrachten wird, andererseits aber, paradoxerweise, ihre Verschiedenartigkeit als bedrohlich erleben wird.

Kinder werden sehr viel Energie investieren, um die Familienharmonie zu erhalten, wenn nötig bis hin zur Selbstaufopferung, d. h. Ausbildung psychischer Störungen. Das emotional mißhandelte Kind zeigt gewöhnlich Symptome, die den Anschein erwecken, als sei es krank, doch sind die Symptome tatsächlich nur Notsignale über den Zustand der elterlichen Ehe. Es weiß, daß sein eigenes Wachstum durch den Schmerz der Eltern behindert wird, und sucht ihnen diesen Schmerz abzunehmen. Wird die Aufmerksamkeit der Eltern dann von der eigenen Ehe auf das «Problemkind» abgelenkt, erleichtert sich ihre Ehebürde, und sie entwickeln allmählich ein Interesse am Fortdauern der Krankheit ihres Kindes. Vielleicht versucht das Kind damit instinktiv, das elterliche Verhältnis zu kitten, indem es ihre Aufmerksamkeit auf sich zieht. «Ich will gerne krank sein», scheint es zu sagen, «wenn das eine Chance ist, daß ihr euch zusammenrauft, um mir zu helfen.» Eine intuitiv richtige Strategie; das Kind fürchtet nämlich: Wenn die Ehe meiner Eltern endgültig zerbricht, stehe ich in der Kälte.

Auch die sogenannte «Geldheirat» ist etwas Destruktives, das den Kindern schwer schaden kann. Früher schien dies besonders dann der Fall zu sein, wenn ein Unter- oder Mittelschichtmann in der Oberschicht einheiratete. Wer des Geldes wegen heiratet, ist sich auf irgendeiner Ebene immer bewußt, wie unstabil die Lage ist; die Macht liegt in den Händen des reichen Partners, und ein einziger falscher Schritt kann einen in ein ärmeres Dasein zurückwerfen. Ein Vater, der des Geldes wegen geheiratet hatte, sah sich im Traum häufig als Vermögensverwalter seiner Frau. Kinder spüren dieses Ungleichgewicht und die daraus resultierende Unsicherheit in der Ehe, und es kann ihnen das Gefühl der Geborgenheit rauben, das sie im Elternhaus brauchen. In einer ungleichgewichtigen Ehe können die Kinder nicht – wie es eigentlich der Fall sein sollte – darauf bauen, daß zwischen den Eltern eine feste Bindung herrscht.

Wunschkinder und Zufallskinder

Ob bewußt oder unbewußt, Eltern planen ihre Kinder. Auch die Zufallskinder, die «ungeplanten», sind meistens geplant. Von psychologischer Warte aus, wo neben den bewußten auch die unbewußten Wünsche in Betracht gezogen werden, sind nämlich Zufälle äußerst selten. Bei den meisten Fällen «unerwünschter» Schwangerschaft scheint die Schwangerschaft selbst erwünscht gewesen zu sein, nicht jedoch all die nachfolgenden Verantwortungen, das heißt, das Kind tatsächlich zu haben und aufziehen zu sollen.

Wenn wir einen Lebensstil wählen, sind wir für die Konsequenzen dieser Wahl ethisch verantwortlich. Die Konsequenzen einer Schwangerschaft sind ganz enorm, und es ist für die Eltern eine starke Versuchung, ihnen aus dem Wege zu gehen. Diese Haltungen können zu Mißhandlung führen.

Nicht jeder ist fürs Elternsein geschaffen, und Druck von außen her, von prospektiven Großeltern und religiösen Dogmen, kann eine Situation schaffen, in der ein Kind zwar geboren, aber dann nicht richtig angenommen und versorgt wird, weil die

Eltern keine Verantwortung für es übernehmen wollen oder können.

Ich habe dich nie gewollt

Kinder spüren, wenn ihre Eltern von ihnen frustriert und enttäuscht sind. Beispielsweise *Annie:*

> «Ich war eine Enttäuschung von Geburt an. Als meine Schwester sechs war, hatte sie ein allzu einseitiges Verhältnis zu meiner Mutter entwickelt, was dieser Sorgen machte. Meine Mutter glaubte, ein zweites Kind würde ein gesundes Gegengewicht schaffen, und versprach meinem Vater einen Sohn. Man erzählt sich, daß er über meine Geburt so erbost war, daß er in einen Reitstall ging und erst einmal ein paar Stunden ritt, ehe ich ihm vor Augen kommen durfte. Sein Cousin hatte bei mir Geburtshilfe geleistet, und mein Vater hat eine Zeitlang nicht mit ihm gesprochen.»

Müttern, die an chronischer Depression leiden, kann es besonders schwerfallen, sich über die Geburt eines Kindes zu freuen. Ein Neugeborenes wird die Abneigung seiner Mutter zu dieser Zeit spüren und wird wahrscheinlich das Gefühl bekommen, es sei an dieser Abneigung irgendwie «schuld» und sei nicht wirklich erwünscht.

Die unrealistischen Erwartungsphantasien, die Eltern manchmal hegen, zerschellen häufig an der Realität des fordernden Neugeborenen, das nicht immer süß, knubbelig und niedlich ist.

> «Im Idealfall», sagen die Kempes, «werden Vater und Mutter das Kind als liebenswert betrachten, einander beistehen und an ihren Elternrollen Freude haben [...] Manchmal jedoch sieht ein Elternteil gleich bei der Geburt des Kindes eine derartige Diskrepanz zwischen dem realen Kind und dem Kind, das er sich vorher ausgemalt hatte, daß das völlig normale Verhalten des neugeborenen Babys, zum Beispiel Beschmutzen und Schreien, als negativ aufgefaßt wird und

sich keine liebevolle Bindung entwickelt.» In den schlimmsten Fällen ist das Kind «eine Enttäuschung, und das läßt man es merken. Gleichviel, ob es anfangs ‹liebenswert› war oder nicht – für die Eltern wird es schnell zu einem richtigen Ungeheuer, mit dem sie vielleicht bald nur noch ihr Haß verbindet» (*Kindesmißhandlung*, S.39).

Unter diesen Umständen kann sich das medizinische Syndrom der «Gedeihstörung» oder «des mangelhaften Gedeihens» [englisch: *Failure to Thrive*] entwickeln. Kinder, die daran erkrankt sind, bleiben im Wachstum zurück, obwohl keine körperliche Vernachlässigung sichtbar ist. Dahinter steckt, wie man vermutet, vielfach emotionale Deprivation; der ungestillte Hunger nach seelischer Nahrung läßt Kinder, deren Eltern sie nicht wollen und keine Liebesbindung zu ihnen herstellen können, nicht nur psychisch, sondern auch körperlich verkümmern.

Das Einzelkind

Manche Familien sind so kinderreich, daß alle Beteiligten überlastet sind und niemand ausreichend Zuwendung bekommt. Mindestens ebenso gefährlich aber kann die Entscheidung sein, nur ein einziges Kind zu bekommen, denn Einzelkinder sind besonders anfällig dafür, ein neurotisches, überbehütetes, überfordertes Individuum zu werden. Dem Einzelkind drohen im Familiensystem spezifische Gefahren: Die Chance, daß seine narzißtischen Bedürfnisse gestillt werden, ohne daß ihm zugleich übergroße Erwartungen aufgehalst werden, ist gering. Das Problem rührt daher, daß das Einzelkind überbewertet wird. Alle Elternphantasien konzentrieren sich auf den einzigen Sprößling. Immer steht er im Rampenlicht, immer unter Druck. Die Phantasien der Eltern sind für das Einzelkind meistens eine schwere Belastung. Wenn ein Kind die unbewußten Botschaften empfängt: «Du bist alles, was ich habe», «In dir liegt meine einzige Hoffnung», «Ich kann es kaum erwarten, daß wir deine

Hochzeit planen», «Du mußt uns Enkelkinder schenken», «Hoffentlich wirst du Akademiker», dann kann es sich programmiert vorkommen, unbedingt bestimmte Hochleistungen erbringen zu müssen, nur um den Eltern zu gefallen und sie ja nicht zu enttäuschen.

Rollo May sagt es in *Liebe und Wille* so:

«[...] man stelle sich die Paare vor – und es wird zur Eindämmung des Bevölkerungswachstums viele davon geben müssen –, die nur ein einziges Kind planen; man stelle sich das ungeheure psychische Gewicht vor, das dieses arme Kleine zu tragen hat. Wie wir in unserer Therapie sehen, gibt es – speziell bei Akademikern mit Einzelkindern – dann eine starke Tendenz zur Überbehütung. Wenn das Kind ruft, rennen die Eltern; wenn es weint, sind sie fassungslos; wenn es krank wird, haben sie Schuldgefühle; wenn es nicht schläft, sind sie dem Nervenzusammenbruch nahe. Das Kind wird dank der Situation, in die es hineingeboren wird, zum kleinen Diktator, es bleibt ihm gar nichts anderes übrig. Komplizierend kommt der paradoxe Sachverhalt hinzu, daß durch diese Bemutterung die Freiheit des Kindes beträchtlich eingeschränkt wird, und es muß, wie der Prinz in einer Königsdynastie, eine Last tragen, für die Kinder überhaupt nicht geschaffen sind» (S. 120; dt. Übers.).

Verschärft sich dieses Problem durch den Verlust eines Elternteiles, kann die Bindung zwischen dem Kind und dem verbliebenen Elternteil ungesund werden. In einem Fall wurde ein Junge, dessen Vater starb, als der Junge drei war, von seiner Mutter aufgezogen. Er war Einzelkind und lernte nie einen Vater als Rollenmodell kennen. Er und seine Mutter standen sich daher gefährlich nahe, und dies beeinträchtigte seine anderen Beziehungen. Auch für die Mutter war die einseitige Fixierung einengend: Sie zeigte ein ungewöhnlich starkes Interesse für seine Privatgespräche mit Freunden; sie machte keine Männerbekanntschaften und hatte keine Freunde; der Sohn war ihre einzige Beziehung, sie lebte stellvertretend durch ihn. Hätte er noch ein, zwei Geschwister gehabt, oder wäre sie eine neue Partnerbeziehung eingegangen, wäre diese Situation wahrscheinlich nicht entstanden. Für die geschlechtliche Identitätsfindung des Kindes ist es wichtig, daß es den Elternteil als soziales und geschlechtliches Wesen sieht und daß es miterlebt, wie seine Eltern ihrer Sexualität in angemessenen Beziehungen Ausdruck geben, statt (wie bei Alleinerziehenden mit Einzelkindern häufig der Fall) ihre Sexualität auf das Kind zu konzentrieren.

In der Großfamilie früherer Zeiten fing das Umfeld von Brüdern und Schwestern, Großeltern, Tanten und Onkeln vieles auf und bot einen gewissen Schutz gegen allzu unzulängliche Eltern. In der Ein-Kind-Familie dagegen kann es problematisch werden, wenn das Kind isoliert und keinen anderen Einflüssen als denen der Mutter oder des Vaters ausgesetzt ist. Einzelkinder sollten dazu angehalten werden, andere Rollenmodelle zu suchen und eine gesunde Unabhängigkeit von ihren Eltern aufzubauen.

Promiskuitive Eltern

Kleinen Kindern liegt sehr viel daran, daß die Intimbeziehung zwischen den beiden Eltern lebendig bleibt; sie sind – besonders in den frühen Jahren – konservativ und glauben an Monogamie. Wenn Eltern sexuelle Experimente machen, müssen sie für die Auswirkungen ihres Handelns auf die Familie geradestehen und müssen sich bewußt sein, daß ihre Kinder Schaden davontragen können.

Ein Extremfall war *Patricia*, die von den vorehelichen Abenteuern ihrer Mutter erfuhr und dahinterkam, daß ihre Mutter nur geheiratet hatte, um Kinder zu bekommen, nicht aus Liebe. Sie spürte die tiefgehende Labilität in der Beziehung ihrer Eltern, und dies mag dazu beigetragen haben, daß sie selbst seelisch aus dem Gleichgewicht geriet und mehrfach in psychiatrischen Kliniken behandelt werden mußte.

Bei *Amy* bestanden die Belastungen durch die Promiskuität ihrer Mutter hauptsächlich darin, daß sie ständig die Vaterfiguren wechseln mußte, so oft ihre Mutter die Partner wechselte. Sie hatte immer angenommen, der angetraute Ehemann ihrer Mutter sei ihr echter Vater. Da dieser Mann aber nicht genau wußte, ob er wirklich der Vater war, erfüllte er seine Rolle ohne Selbstvertrauen. Als Amy dies in der späten Adoleszenz entdeckte, wurde klar, warum sie eine so ambivalente Beziehung zueinander hatten und warum sie seit Jahren die Phantasievorstellung hegte, er sei gar nicht ihr Vater. Zusätzlich komplizierte sich ihre Situation dadurch, daß die Mutter sich in der Folge scheiden ließ und wieder heiratete; es wurde Amy nun abverlangt, den ersten Mann der Mutter (den vermutlichen Vater) Onkel zu nennen und gegenüber ihren Freunden und Nachbarn so zu tun, als sei der neue Stiefvater der echte Vater.

Eine promiskuitive Frau, die ihren Lebensstil bis zur Geburt eines Kindes nicht ändern kann, handelt nicht nur dem Vater, sondern auch dem Kind gegenüber unfair. Kann ein Mann nicht sicher sein, daß er der Vater ist, wird sich seine Unsicherheit auf das Kind übertragen. Selbst wenn er bewußt für den Vater gehalten wird, wird das Kind doch die unbewußten Zweifel bei seinen Eltern spüren und wird leiden.

Wenn ein Elternteil promiskuitiv ist, wird dem Kind mit hoher Wahrscheinlichkeit ein verzerrtes Bild von Sexualität vermittelt. Der Elternteil mag Freude am Sex haben, aber dem Kind nicht die Vorstellung weitergeben, daß Geschlechtlichkeit eine komplexe, die Gefühle einbeziehende Sache ist. Dies wurde zum Beispiel deutlich bei zwei Schwestern, die beide als Erwachsene Schwierigkeiten hatten, mit ihrer weiblichen Sexualität zurechtzukommen. Die eine dieser Frauen, eine Fotografin, fühlte sich zwanghaft zu weiblichen Genitalien hingezogen und fotografierte sie oft. Ihre Schwester war lesbisch. Später fanden sie heraus, daß ihr Vater während seiner Ehe hochpromiskuitiv gewesen war. Er und seine Frau waren heimlich übereingekommen, «um der Kinder willen» die Scheidung so lange aufzuschieben, bis die Schwestern herangewachsen waren. Durch die unbefriedigende Elternbeziehung, in der Liebe und Sex getrennte

Wege gingen, fehlte auch den Schwestern die Fähigkeit, diese beiden Bereiche miteinander zu verschmelzen. Sie rangen um irgendein Verhältnis zu ihrer weiblichen Geschlechtlichkeit, durch Fotografie und durch Lesbianismus, weil ihres Vaters Promiskuität und die stillschweigende Duldung der Mutter ihnen eine verzerrte Vorstellung über Beziehungen und Sexualität vermittelt hatten.

Egozentrische Eltern

Egozentrische Eltern betrachten sich als Brennpunkt der Familie. Der Vater regiert wie ein absolutistischer Herrscher, die Mutter wie eine Palastkönigin. Die eigenen narzißtischen Bedürfnisse stehen an erster, diejenigen der übrigen Familienmitglieder an zweiter Stelle. Solche Eltern achten nicht das familiäre «Wir», sondern lassen das «Ich» vorgehen und schaffen damit Probleme für ihre Kinder, deren altersspezifische narzißtische Bedürfnisse nicht gestillt werden. Egozentrische Väter und Mütter geben der irrigen Ansicht Ausdruck: «Ich habe euch das Leben geschenkt, und das genügt», oder «Ich habe euch das Leben geschenkt». Mit Betonung auf dem «Ich», als erlebten nur die Eltern, nicht das Kind die Geburt.

Wir leben in einem Zeitalter des Egoismus, einem Zeitalter, in dem viele Eltern ganz selbstverständlich Vorrang für ihre eigenen Bedürfnisse erwarten. Ein Vater sagte seinem Jungen: «Nach mir kommst du an erster Stelle.» Narzißtische Elternbedürfnisse geraten oft mit Kinderbedürfnissen in Konflikt, doch Eltern müssen – besonders wenn die Kinder noch klein sind – flexibel sein. In einem Beitrag im *Wall Street Journal* schrieb Edward Wynne: «Ein Ehepaar, das Kinder plant, muß sich dieser Aufgabe mit vollem Engagement widmen – das heißt, es muß andere hochgesteckte Ziele opfern: optimales berufliches Fortkommen; geographische Mobilität; die jederzeitige Möglichkeit der Scheidung.»

Wenn die Kinder älter sind und Bedürfniskonflikte entstehen, ist ein Kompromiß vonnöten – etwas, das dem Aufstellen eines familiären Haushaltsplans nicht unähnlich sieht. Dies kann unmöglich werden, wenn ein Mitglied, speziell ein Elternteil, Bedürfnisse ins Spiel bringt, die «die Bank zu sprengen» drohen; die Bedürfnisse jedes Mitglieds sind gleich wichtig. Bei dennoch vorkommenden Ungleichgewichten sollte im Zweifelsfall dem Kind ein «kleiner Vorsprung» gegeben werden.

Verantwortung in den frühen Jahren

Die ungeheuer verantwortungsvolle Aufgabe, Kindern bei der Entfaltung ihrer Möglichkeiten zu helfen, ist für manche Eltern sehr schwer zu akzeptieren. Im Zuge des kindlichen Wachstums durchläuft diese Verantwortung viele Veränderungen, und es ist jederzeit möglich, daß Eltern mit diesen Veränderungen nicht mehr mitwachsen. Die unausgesprochene Weigerung, das Kind zu einem autonomen Individuum heranreifen zu lassen, das anders als die Eltern ist, kann schlimme Folgen haben, wenn das Kind noch klein ist. Dies kann sich in Trennungsangst äußern: Das Kind will nicht in den Kindergarten, wo es ohne Vati und Mutti auskommen muß, oder es will nicht mit einem Babysitter allein sein. Ein gewisses Maß an Angst ist in solchen Situationen normal, aber manche Eltern schüren unbewußt diese Angst, weil auch sie die Trennung fürchten.

Auf viele Weisen können sich Eltern in den frühen Jahren, in denen das Kind sehr beeindruckbar ist, verantwortungslos verhalten. Die Namensgebung etwa wird von manchen Eltern auf die leichte Schulter genommen – dabei ist es das Kind, das die Folgen auszubaden hat, wenn es Iphigenie, Scholastika oder Eginhard heißt. Ein Kind, das ich kenne, wurde Chamor genannt, das ist das hebräische Wort für Esel. Auch mit scheinbar beiläufigen Bemerkungen können Eltern «sündigen», wenn sie sich nicht bewußt sind, wie ernst sie von ihren Kindern genommen werden.

Unablässig beobachten Kinder ihre Eltern und werden zwangsläufig von deren Verhalten beeinflußt. Ich habe einmal miterlebt, wie eine Frau in einem Spielwarenladen ihrem Kleinkind einen zerbrechlichen Gegenstand aus dem Regal zum Spielen gab. Das Kleine machte ihn natürlich kaputt, und die Verkäuferin sagte der Mutter, nun müsse sie dafür bezahlen. Als die Mutter protestierte, lenkte die Verkäuferin ein und wollte nur noch den halben Preis erstattet haben. Auch das verweigerte die Mutter kategorisch – obwohl ihre eigene Verantwortungslosigkeit das Problem verursacht hatte –, nahm ihr Kind und rauschte hinaus.

Gerade die Anfangsschritte im Elternsein zeigen besonders deutlich die pädagogischen Grundeinstellungen und das Erbe, das jemand mitbringt, wenn er sich entschließt, Kinder zu bekommen. Im Idealfall gehen die Eltern mit Freude und Offenheit an ihre Aufgabe heran und haben selbst gute Rollenmodelle gehabt. Sie haben eine gewisse Vorstellung davon, was vor ihnen liegt, und haben den Willen, das Experiment durchzustehen. Wenn Eltern mit nicht allzu überhöhten und doch positiven Erwartungen an Ehe und Elternschaft herangehen und Problemen mit Überlegung und Spontaneität begegnen können, werden sie in der Lage sein, auf die gesunden narzißtischen Bedürfnisse ihres Kindes einzugehen und ihm eine gute Startbasis für seine Entwicklung zu geben.

Arten der Mißhandlung

Eltern und ihre Unzulänglichkeiten

Elterliches Fehlverhalten wurzelt oft in bestimmten Entwicklungsmängeln der Elternpersönlichkeit. Ein Vater mit niedrigem Selbstwertgefühl wird sich unzulänglich vorkommen und deshalb unzulänglich handeln. Eine unsichere Mutter wird nicht in der Lage sein, ihre Kinder sicher zu führen. Wenn ein Elternteil das Kind dazu braucht, sein eigenes fehlendes oder schwaches Ich zu stützen, bemüht sich das Kind möglicherweise, die Bedürfnisse dieses Elternteils zu stillen, und opfert dafür die Stillung seiner eigenen narzißtischen Bedürfnisse. Wie ein Magnet kann die Elternpersönlichkeit das Kind in die Rolle des Therapeuten hineinziehen. Verschärft wird das Problem durch die natürliche Identifikation des Kindes mit seinen primären Liebesobjekten. Wenn diese Liebesobjekte unbefriedigte narzißtische Bedürfnisse haben, identifiziert sich das Kind unter Umständen mit dem gespaltenen Ich des betreffenden Elternteils oder verinnerlicht es und zeigt dann Trennungspanik – Angst, in die Welt hinauszugehen, weil es fühlt, daß seine Mittel nicht ausreichen, um es mit ihr aufzunehmen.

Vielleicht versucht das Kind, die Persönlichkeitsmängel der Eltern dadurch auszugleichen, daß es Lösungen – unzureichende Lösungen – anbietet, um seiner Lage zu begegnen. Vielleicht aber reagiert es auch auf eine negative Situation auf positive Weise: Manche Kinder können die Schwäche ihrer Eltern in eine Quelle der Motivation verwandeln. Doch eine solche Reaktion kann sich gewöhnlich nur dann einstellen, wenn ein Elternteil stark genug ist, die Rolle von Mutter und Vater zu übernehmen, oder wenn Ersatzeltern (zum Beispiel die Großeltern) vorhanden sind.

Das gut angepaßte Kind arbeitet daran, seine eigenen Lebensprobleme zu lösen, während das neurotische Kind sich unter Umständen an der Lösung der Lebensprobleme seiner Eltern verschleißt. Familientherapeuten haben entdeckt, daß Kinder sich oft aufopfern und Störungssymptome entwickeln, damit sich die Eltern auf diese Symptome konzentrieren und die eigenen Probleme verdrängen können.

Jason kam zu der Erkenntnis, daß er sich ständig anderer Leute Kopf zerbrach: Er versuchte, auf der Arbeit die Probleme seines beruflichen Vorgesetzten und zu Hause die Probleme seines Vaters zu lösen. Obwohl er nicht zum Management zählte, sorgte er sich sehr um den Erfolg der Firma, für die er arbeitete. Seine Träume waren voller Bilder von sich selbst, wie er seinem Vater half, seinen Geschwistern, seinem Fußballtrainer — jedem, von dem er glaubte, daß er Hilfe benötigte. Seine eigenen Probleme stellte Jason hintan und widmete sich ganz dem Dienst an den Menschen, die er bewunderte. In sein Tagebuch schrieb er:

Ich liege im Bett [...] mache mir Gedanken über meinen Vater, erkenne Menschliches an ihm. Er ist so aufrecht, so stark, und doch gehen ihm andere Menschen so nahe. Trinken ist ein Problem für ihn. Ich liebe ihn — ich weiß, daß ich ihn nicht habe bekämpfen müssen — ich kann ihm helfen, daß er von seinem bizarren, aufreibenden, ermüdenden Leben wegkommt.

Jasons Vater hatte sich nie um seinen Sohn gekümmert, außer um ihn zu beschimpfen und zu manipulieren, und doch spürt Jason das Bedürfnis, dem Vater zu helfen, erwachsen zu werden!

Sally hielt ihre Mutter für emotional unterernährt, und sie umhegte, beschützte und umsorgte die Mutter ständig. Älter geworden, bekam sie es jedoch satt, die Mutter zu bemuttern — oder irgend jemanden sonst. In Angst davor, vielleicht wieder jemanden psychologisch «päppeln» zu müssen, suchte sie nur noch Beziehungen, die unverbindlich blieben.

Auch den Geschwistern gegenüber müssen Kinder unzulänglicher Eltern häufig die Elternrolle übernehmen. Eine achtundzwanzigjährige Frau klagte, sie sei es so leid, für ihren jüngeren Bruder die Mutti zu spielen, ihm Geld zu leihen und sich um ihn zu kümmern. Ihre eigene Mutter war zur Mutterrolle unfähig und brauchte die Tochter als Stellvertreterin.

Unreife Eltern

Manche Eltern werden nie wirklich erwachsen. Ihre Unreife verhindert, daß sie den Kindern das Klima der Unterstützung bieten, das sie brauchen. Eltern sollten die Führungskräfte in ihrer Familie sein, besetzen aber manchmal bewußt schwächere, ungefährlichere Rollen.

Arthur war gestört durch die Sterilität seines Elternhauses und die Unreife seiner Eltern. In einem Traum spiegelte sich das wider: Er sah seines Vaters Zimmer in einem «öden Haus». Sein Vater hatte eine Frau mit aufs Zimmer gebracht, und die Frau verführte ihn. Arthur erkannte, daß seine eigene Problematik zum Teil daher rührte, daß er einen Vater hatte, der zu unreif war, um sexuell Verantwortung zu übernehmen. Sein Vater konnte die Begegnung im Traum so steuern, daß es aussah, als gehe die Initiative allein von der Frau aus. Auch im realen Leben zeigte Arthurs unreifer Vater häufig dieses promiskuitive, zwanghafte Verhalten.

Gelegentlich scheinen Eltern ihr Leben bewußt so einzurichten, daß sie nie zu vollverantwortlichen Erwachsenen werden müssen. Wer diesem Muster folgt, wird vielleicht heiraten, das Potential, das sowohl im Familiensystem als auch im Berufsleben verborgen ist, wird er aber dennoch nicht auskundschaften. Solche Menschen sind manchmal asozial und ordnen sich in keine Gruppe ein. Kinder, die bei solchen Eltern aufwachsen, mögen sich eher wie in einem Einpersonenhaushalt vorkommen als in einer Familie.

Karlas Vater war ein einsiedlerischer Trinker, in dessen Leben nur das Berufliche gut klappte. Seine Rolle in der Familie war hauptsächlich die des Geldverdieners. Emotional war er einfach nicht da. Wie Karla erzählte, lebte er ewig «wie versteckt». Karlas Mutter konnte keine echte Bindung zu ihm aufbauen, und so hatte Karla das Gefühl, daß ihre Eltern de facto unverheiratet geblieben waren. Ihrer Ehe fehlte das, was ich «psychisch-emotionalen Schulterschluß» nenne. Das bedeutet weit mehr als körperlichen Ehevollzug. Zum psychisch-emotionalen Schulterschluß in einer zweckmäßigen und natürlichen Ehe (oder Langzeitbindung) gehören Langlebigkeit, Beständigkeit, Belastbarkeit, Ausgewogenheit, Verpflichtung.

Wenn zwei Menschen mit schwachem Selbstwert heiraten, ist ihre Verbindung wahrscheinlich unreif. Möglich, daß es so aussieht, als liebten sie einander; vielleicht sind sie aber nur voneinander besessen oder klammern sich aneinander, weil sie es nicht ertragen, allein zu sein. Sie stellen übermäßige Ansprüche an des anderen Zeit; erlauben nicht, daß er Außenfreundschaften schließt; kontrollieren ihn ständig; leben isoliert; trauen dem anderen letztendlich nicht. Alle diese unreifen Tendenzen deuten zurück auf das Unvermögen der Eltern, eine befriedigende, vertrauensvolle Bindung zu schaffen.

Miguel konnte es nicht ertragen, allein zu leben; als er von seiner Frau wegging, zog er daher sofort wieder mit einer anderen Frau zusammen. Miguels Tochter spürte seine Unreife und ärgerte sich darüber. Als sie mitbekam, wie er am Telefon mit einer Geliebten sprach, und dies ihrer Mutter erzählte, war Miguel schwer gekränkt und glaubte, daß seine Tochter ihn nicht liebte. Er begriff nicht, daß sie sich durch diese Tat lediglich mit der Mutter identifizierte. Das «kindische» Verhalten seiner Tochter beklagend, wollte er nicht einsehen, daß seine eigene Unreife hier das Problem war.

Unreife Eltern können unangebrachtes, zuweilen empörendes Verhalten zeigen und erschreckend unsensibel sein für das gesellschaftliche Umfeld, in dem sie leben. Ein Vater etwa, der sich wie ein Herumtreiber kleidet, der die Freunde seines Kindes beleidigt, der sich und seine Wohnung nicht sauber hält, der herumpoltert und in Zoten redet oder Pornographie im Haus herumliegen läßt, kann sein Kind in große Verlegenheit bringen. Ein Mann, den ich kenne, ließ seine Freundin zusammen mit seinem elfjährigen Sohn duschen und zwang seinen chaotischen Lebensstil damit seinem Kind auf. Kinder wollen allgemein, daß ihre Eltern «normal» sind, wie die Eltern der Schulkameraden und Nachbarskinder, und sie kommen sich wie soziale Außenseiter vor, wenn ihre Eltern allzu ausgeflippte Rollenmodelle abgeben.

Manche Eltern gehen sogar so weit, das Kind als Bauern in ihrem unzulänglichen Beziehungsschach einzusetzen. *Jim* und seine Frau *Barbara* stritten sich häufig über Barbaras angebliche Promiskuität und Jims körperliche Brutalität ihr gegenüber. Als sie Jim endlich aus dem Haus warf, erzählte er in der Nachbarschaft herum, sie sei eine Hure und eines der beiden Kinder sei wahrscheinlich unehelich. Er zögerte nicht, das Wohl der Kinder seiner Rache zu opfern.

Ein weiteres Beispiel für eine inadäquate Elternpersönlichkeit ist der latent homosexuelle oder transvestitische Vater, der äußerlich heterosexuell orientiert scheint, aber unfähig ist, befriedigende Langzeitbeziehungen zu Frauen zu knüpfen. Er liefert seinen Kindern damit eine inadäquates Rollenmodell. Sein Vorbild suggeriert: Männer und Frauen können nicht glücklich verheiratet sein. Ein Zeichen für Unreife ist es auch, wenn ein Homosexueller aus Gründen der Tarnung heiratet und ein Alibikind zeugt.

Bei einem unreifen Elternteil sieht es häufig so aus, als ob er mit seinem Leben nicht zurechtkomme. Zeichen dafür sind allgemeine Energie- und Antriebslosigkeit; eine Neigung, allen Problemen aus dem Wege zu gehen; Auslassen des Frusts am Partner (körperliche Mißhandlung ist ein Zeichen für niedrige Selbstwertschätzung und Unreife); zwanghafte Fixierung auf Beruf oder Hobbies, aus Angst, mit der Familie oder mit sich selbst allein zu sein. *Curt* sah sein eigenes Ungenügen und die daraus folgende Gestörtheit seiner Familie in einem Traum, in dem er spürte, daß irgendwo draußen außerhalb seiner selbst «anarchische Verhältnisse» herrschten und er die Türen verbarrikadieren mußte, damit die Anarchie nicht zu ihm drang. Die im Traum dargestellte Anarchie herrschte in Wirklichkeit in seiner Familie. Seine Frau hatte eine offene Affäre mit einem anderen Mann, und die Familie hatte ihre Stabilität verloren. Das System war durcheinandergeraten, und Curt wußte nicht, wie er wieder Ordnung hineinbringen sollte. Er war – wie er selbst erkannte – nicht reif genug, um sein Familienleben zu stabilisieren. In einer solchen Situation agieren beide Elternteile ihre Mängel aus, und die sich ergebenden Tragödien führen nicht nur zur Entfremdung zwischen den Partnern, sondern ziehen vor allem auch die Kinder ungewollt in Mitleidenschaft.

Stärke mein Ego

Oft müssen Kinder ihren unzulänglichen unreifen Eltern Mut zusprechen, müssen sie schützen, für sie sorgen und ihr Ich stärken, während es im gesunden Familiensystem die Eltern sind, die von ihren Kindern wie Stars verehrt werden. Natürlich gibt es Zeiten, in denen die Kinder zu Recht stolz auf ihre Eltern sind – aber Eltern dürfen den Kinderstolz nicht als Dauerstütze für ihre schwache Selbstachtung in Anspruch nehmen.

Wer erwartet, daß das Kind sein Fan ist, handelt elterlich unangemessen, denn es wird immer Zeiten geben, wo elterliches Handeln beim Kind nicht auf Gegenliebe stößt. Elternarbeit ist kein Popularitätswettbewerb; zwangsläufig wird es Differenzen und Mißverständnisse geben, und Eltern müssen in der Lage sein, den vorübergehenden Verlust an Zuneigung auszuhalten, der dann beim Kind entsteht. Wer das nicht kann, verwandelt durch ständiges Nachgeben sein Kind ungewollt zum Tyrannen. Unsichere Eltern mit niedrigem Selbstwert werden dazu neigen, zuviel ins Kind zu investieren, ihm riesige Erwartungsbürden aufzuhalsen, damit stellvertretend durch das Kind ihr eigenes Selbstwertgefühl gehoben wird. Hilde Bruch sagt über Magersüchtige: «Das allen gemeinsame Merkmal ist, daß sie glauben, gegenüber ihren Eltern etwas beweisen zu müssen, daß es ihre Aufgabe sei, den Eltern das Gefühl zu verschaffen, es gehe ihnen gut, sie seien erfolgreich und überlegen» (*Der goldene Käfig*, S. 44). Einleuchtend, daß dies nicht des Kindes Aufgabe sein sollte.

Als Musterbeispiel für unverblümte Forderung nach Ego-Stützung sei die Mutter angeführt, die ihre Tochter *Shawn* besuchte und gleich beim Hereinkommen sagte: «Ich werde es dir sehr schwer machen, damit du mir deine Liebe beweisen kannst.» Sie suchte Shawn Schuldgefühle einzuimpfen durch die Behauptung, sie sei nur Shawns halber mit ihrem gewalttätigen Mann zusammengeblieben, und ihre Berufstätigkeit, während Shawn heranwuchs, sei ein monumentales Opfer für ihre Tochter gewesen. Hätte Shawn sie für all das gelobt, wäre sie glücklich gewesen; ihre niedrige Selbstwertschätzung verhinderte, daß sie sich «aus eigener Kraft» über sich freuen konnte – sie brauchte die erzwungene Selbstbestätigung durch die Tochter.

Oft höre ich Kinder über ihre Eltern stolz sagen: «Endlich, endlich machen sie sich. Mit dem Alter kommt die Reife.» Dies aber meist erst, nachdem die Eltern der Entwicklung der Kinder Schaden zugefügt haben. Diese unreifen Eltern sind zu spät erwachsen geworden.

Betreue mich

Den Eltern ähnlich, die den Kindern Bewunderung und Stolz abverlangen, sind jene Eltern, die ihrer selbst so unsicher sind, daß sie narzißtisch von ihren Kindern fordern, diese sollten ihr Leben und ihre Pläne ändern, um die Eltern zu schützen, zu betreuen, zu versorgen. Solche Kinder werden fortwährend angebettelt: Besuch mich; schreib jede Woche; ruf mich an; verlaß mich nicht; zieh nicht weit fort. Diese Ansprüche steigern sich, wenn die Eltern senil und krank werden oder im Sterben liegen.

Jacques drückte seine Unzufriedenheit mit den Unzulänglichkeiten seiner Mutter dadurch aus, daß er sagte, die Mutter sei einsam und wolle, daß er ihre leeren Stunden ausfülle. Jacques selbst liebte die Zurückgezogenheit, aber wenn er allein war, mußte er immer daran denken, daß seine Mutter jetzt auch allein sein mußte, und ihm war beigebracht worden, sich deshalb schuldig zu fühlen. Die Unsicherheit seiner Mutter betrachtete Jacques als Verletzung seines Rechts, allein zu sein.

Eltern mit einer wenig entwickelten Persönlichkeit können oft nicht die verschiedenen Rollen auseinanderhalten, die Eltern spielen müssen. Bei Frauen beispielsweise die Rollen «Mutter» und «Ehefrau». Die reife, sich als Individuum verstehende Persönlichkeit jedoch begreift, daß die Zerstörung ihrer Beziehung zu ihrem Mann nicht auch die Beziehung der Kinder zum Vater zerstören muß. *Doris'* Mutter machte ihre Kinder unzulässigerweise zu Beichtvätern: «Hört euch nur an, was euer Vater mir angetan hat», pflegte sie zu sagen und ihre Leidensgeschichte abzuspulen. «Könnt ihr euch vorstellen, was ich empfunden habe, als ich an seiner Unterwäsche die Spuren einer anderen Frau gefunden habe?» Der Mann, der sie betrogen hatte, sollte auch kein Recht mehr haben, Vater zu sein. Sie suchte bei ihren Kindern Mitgefühl und Trost, sprach ihnen dabei jedoch auch die eigene Beziehung zum Vater ab und bettelte sie an, zur Betreuerin der Mutter zu werden.

Frances' Vater war so unsicher, daß er sich eng an seine Tochter klammerte. Sie glaubte ihn gründlich zu kennen und war in seine wahren Emotionen eingeweiht. Sie wußte, daß sie ihm nicht sagen konnte, sie wollte nicht mehr bei ihm bleiben, denn das würde ihn wieder «düster und traurig» machen. Er würde sich dann als Vater abgelehnt fühlen. Sie glaubte ihn schützen zu müssen, da sie «wie Kumpel» waren.

So müssen viele Kinder ihr Leben auf die Bedürfnisse der Eltern ausrichten. Extremfall: *Brett* sagte ihrer Mutter, sie wolle sich umbringen. Darauf die Mutter: «Aber dein Vater liebt dich so sehr. Bring *ihn* nicht um.» Sogar in diesem Augenblick, der Ankündigung eines Selbstmords, dachte die Mutter zuallererst an die Bedürfnisse ihres Mannes. Ähnlich die Mutter, die ihren Sohn abwimmelt: «Wenn du krank bist, wer leidet dann wohl am meisten?» – sprich: Ich leide mehr als du, also verschone mich um meinetwillen mit deiner Krankheit.

Viele Kinder alkoholkranker Eltern werden ausgesprochen oder unausgesprochen mit der Bitte belastet: Übernimm Verantwortung für mich. Solche Kinder müssen unablässig für das Verhalten der Eltern Entschuldigungen finden, ihnen medizinische Hilfe besorgen, mit ihrem Unglück und ihren rasch wechselnden Launen fertig werden. Die Belastung des Kindes wird vom alkoholkranken Elternteil meistens nicht anerkannt – und manchmal nicht einmal von dem anderen Elternteil.

Die Weitergabe von Elternmeinungen

Unzulängliche Eltern vermitteln den Kindern häufig verquere, schädliche Vorstellungen über Leben, Beruf und Beziehungen; Einstellungen, die der Entwicklung des Kindes abträglich sein können.

So wird etwa in Sachen Sex Kindern häufig vermittelt, Sex sei nur als eheliche Pflicht und nur zur Fortpflanzung statthaft; kein Wort von den Freuden einer liebevollen Intimbeziehung und den Freuden der körperlichen Lust selbst. Unreife Eltern belügen ihre Kinder darüber, wo die Kinder herkommen, und geben ihnen schiefe, unangebrachte Beziehungsratschläge («Frauen sind nur hinter deinem Geld her»; «Männer wollen immer nur deinen Körper»), in denen sich ihre eigenen Mängel und Ängste spiegeln.

Die Zwänge, denen Eltern mit wahllosen Geschlechtsbeziehungen unterliegen, können dem Kind eine falsche Einstellung zur Sexualität einimpfen. Wer für das Kind nicht das Vorbild eines verantwortungsbewußten Erwachsenen sein kann, sondern sich wie ein ewig Pubertierender benimmt, rückt einen der zentralen Erfahrungsbereiche des Lebens in ein schiefes Licht. Eltern, deren Ehe auf der Gefühlsebene zerbrochen oder unbefriedigend ist, aber körperlich weiterfunktioniert, lassen das Kind annehmen, Liebe und Sexualität gehörten nicht zusammen. Solche Kinder können später als Erwachsene auf zwanghafte Weise sexuell aktiv sein, weil sie sich zur Sexualität getrieben fühlen, sie aber nicht in eine Beziehung einzubetten verstehen.

Lee merkte, daß sie Schwierigkeiten hatte, eine beidseits befriedigende Beziehung zu einem Mann einzugehen, und entdeckte, daß sie viele falsche Ansichten hatte, die ihren bewußten Wunsch nach enger Bindung sabotierten. Sie meinte, eine schlechte Beziehung sei besser als keine und einen Mann könne man nur gewinnen, wenn man ihm hundertprozentig zu Willen sei. Diese Vorstellungen hatten zur Folge, daß sie keinem Menschen ihr wahres Selbst zeigte. Als Quelle dieser Fehlhaltungen vermochte sie ihren Vater auszumachen, der für sie weitreichende Pläne gehabt hatte, an denen er starr festhielt. Er akzeptierte sie nur unter der Bedingung, daß sie seine Phantasien erfüllte. Zu ihrer Bestürzung merkte sie, daß sie sich nur geliebt fühlte, wenn sie «nicht sie selbst» war. Sie war fremdbestimmt statt selbstbestimmt; obwohl sie sich alle Mühe gab, die Männer in ihrem Leben zufriedenzustellen, war sie in Zweierbeziehungen kein «voller Mensch».

Eltern geben oft Beziehungsregeln weiter, die – obwohl nicht stichhaltig – von der ganzen Familie wie ein Evangelium befolgt werden. Als eine junge Frau das Für und Wider einer bestimmten Beziehung zu einem Mann diskutierte, sagte die Mutter: «Wenn du so viele Fragen hast, hast du nicht den Richtigen gefunden.» Dabei sind Fragen immer notwendig, wenn es um den Aufbau gesunder Beziehungen geht. Eine andere Mutter redete ihrer

Tochter ein, platonische Beziehungen gebe es nicht. Diese Vorstellung – daß jede Freundschaft mit einem Jungen sexualitäts-«schwanger» sein müsse – verzerrte die Auffassung dieser Tochter von Jugendfreundschaften. *Mariannes* Mutter sagte ihrer Tochter: «Suche nicht nach Jungens; du wirst einen Mann finden, der von selber zu dir kommt.» Dies hielt Marianne davon ab, Verabredungen zu treffen; sie saß zu Hause und wartete, daß der Richtige kam. Und *Jacks* Vater sagte seinem Sohn: «Wenn du groß, ansehnlich und gut gekleidet bist und die richtigen Schulen besuchst, hast du auch Erfolg.» Jack besaß alle diese Voraussetzungen, litt aber trotzdem ständig an Depressionen. Seine Vater hatte ihm ein falsches Bild vermittelt, was Menschen wirklich glücklich macht.

Patricks Vater schärfte seinem Sohn ein, «sich immer zur Nummer eins zu machen». Diese Maxime befolgte der Vater auch selbst und ließ seine Privatbedürfnisse stets vorgehen. Nichts gegen Anerziehung eines gesunden Selbstbewußtseins und Durchsetzungsvermögens. Aber wenn Eltern ihr unzulängliches Ich aufzupäppeln suchen, indem sie den schlechten Rat geben (und befolgen), man müsse immer an sich selbst zuerst denken, dann bieten sie dem Kind kein gesundes Entwicklungsklima. So waren denn auch bei Patrick die Folgen: Er betrog Freunde, handelte egoistisch und dachte immer an die eigenen Interessen zuerst, genau wie vom Vater vorgemacht. Es kostete ihn Jahre und einige unglückliche Beziehungserfahrungen, bis er die destruktiven Folgen seiner Selbstsucht erkannte.

Auch in beruflicher Hinsicht kann die Meinung der Eltern die Weichen falsch stellen. *Jason* war sehr erfolgreich und in seiner Firma unentbehrlich. Aber er merkte, daß er bei der Arbeit zu schlechter Laune und Ausfälligkeiten neigte, auch seinem Chef gegenüber. Da er eine gute Kraft war, wurde dies geduldet, aber man liebte ihn nicht. Seines Vaters irrationale Wutneigung hatte Jason zu einem ähnlichen Verhalten disponiert.

Um sich zu ändern, mußte Jason zunächst einmal das destruktive Muster erkennen, das er geerbt und mit dem er sich identifiziert hatte. Er war psychologisch derart an den Vater gekettet, daß er «sozial verkümmert» war. Jason mußte sich eine Zeitlang ganz auf seine Entwicklung konzentrieren, fern vom Vater und fern vom Beruf. Er begann seine Kräfte neu zu verteilen und bekam sein Leben besser in die Hand, indem er die ihm zu Gebote stehenden Alternativen durchdachte: von seinem Vater wegzuziehen; die Firma zu wechseln; vielleicht sogar den Beruf zu wechseln.

In einem anderen Fall kam sich eine Frau verloren vor, weil sie, nicht ihren eigenen Neigungen, sondern den Wünschen der Eltern folgend, die Musik aufgegeben hatte und Medizin studierte. Sie hatte damit nach dem gleichen Muster gehandelt wie ihre Mutter, die, um Kinder zu bekommen, auf ihre Karriere verzichtet hatte. Nach viel Überlegung erkannte diese Frau, daß sie die Vorstellung der Mutter verinnerlicht hatte, nach der das Kind zwar eine lukrative Stellung anzustreben, Ideale aber als wertlos aufzugeben habe. Sie lebte jetzt in der verkehrten Stadt und verfolgte mit dem Medizinstudium das verkehrte Ziel. Darüber hinaus war sie in fruchtlose Beziehungen verstrickt, in denen ihre Bedürfnisse ständig ignoriert wurden. Hätte sich die «pflegende Elternliebe» in ihrem Fall so geäußert, daß die Eltern sie ihren Neigungen hätten folgen lassen und sie darin unterstützt hätten, wäre sie viel glücklicher gewesen. So aber verlor sie den Respekt vor ihren eigenen Bedürfnissen – bis sie schließlich das Medizinstudium aufgab und in eine andere Stadt zog, die destruktiven Beziehungen abbrach und eine Musikausbildung aufnahm.

Ein weiterer fruchtbarer Nährboden für Pharisäertum und Fehlhaltungen ist das Religiöse. Eltern, die im religiösen Bereich mit dem Kind zu streng sind, d. h. dem Kind keine Wahl und keine Verwantwortlichkeit einräumen, sich selbst zu entscheiden, schaffen (potentiell) extreme Konfliktquellen für das Kind, wenn es merkt, daß Normen und Sitten der Gesellschaft mit denen seiner Religion nicht übereinstimmen. Konfessionsschulen und -seminare werden manchmal als Besserungsanstalten gebraucht, um Kinder von der Straße wegzubekommen, und die erzieherische Disziplinierung, die eigentlich Elternsache ist, kann von unreifen Eltern an die Väter und Mütter der Kirche übertragen werden. Drohungen mit Hölle und Verdammnis und die Last exzessiver Schuldgefühle für kleine Missetaten können in der lebhaften Phantasie von Kindern Extremreaktionen hervorrufen.

Ebenso schädlich kann das gegenteilige Extrem sein: wenn die Eltern der religiösen Entwicklung und der philosophischen Suche des Kindes überhaupt keine Beachtung schenken. Wenn die Eltern unterschiedlichen Konfessionen angehören oder wenn ein Elternteil religiös, der andere areligiös ist, kann sich das Kind von dem Konflikt der Rollenmodelle verwirrt fühlen, wenn ihm die Lage nicht deutlich erklärt und die verschiedenen Möglichkeiten quasi greifbar vorgelegt werden. Die natürlichen Fragen eines Kindes im religiös-weltanschaulichen Bereich müssen ernstgenommen und einfühlsam behandelt werden. Manche Eltern begeben sich dieser Verantwortung völlig, stellen diese Fragen (indirekt) als unwichtig hin und überlassen die religiöse Erziehung des Kindes dem Zufall oder Außenstehenden. *Jeffs* Vater, der überhaupt nicht religiös war, überließ die religiöse Erziehung des Jungen vollständig dem Großvater, einem Rabbi. Dies schuf in Jeffs Psyche einen Konflikt: Eine feste Identifizierung mit seinem primären Rollenvorbild, dem Vater, war nicht möglich, weil die religiöse Komponente fehlte. Dies machte es für Jeff schwierig, religiöse Konflikte zu lösen, die später in seinem Leben eintraten.

Mangelnde Achtung

Eltern, deren Persönlichkeit nicht gesund genug ist, um sich selbst mit Selbstachtung zu begegnen, betrachten ihr Kind unter Umständen als Spielzeug, als Anhängsel oder als Bürde. Alice Miller formuliert es so:

«Es ist ein ureigenes Bedürfnis des Kindes, als das, was es jeweils ist, und als *Zentrum der eigenen Aktivität* gesehen, beachtet und ernstgenommen zu werden. Im Unterschied zum Triebwunsch handelt es sich hier um ein genauso legitimes, aber *narzißtisches Bedürfnis,* dessen Erfüllung zur Bildung eines gesunden Selbstgefühls unerläßlich ist» *(Das Drama des begabten Kindes und die Suche nach dem wahren Selbst, S. 21).*

Maria Montessori schreibt:
«Es schien und scheint niemand auf den Gedanken zu kommen, daß das Kind eine eigene Persönlichkeit ist, die anders ist als der Erwachsene. Fast alles sittliche und philosophische Denken richtet sich auf den Erwachsenen, und gesellschaftliche Fragen zur Kindheit selbst sind nie gestellt worden. Das Kind als eigenständiges Wesen, mit eigenen spezifischen Bedürfnissen, die gestillt werden wollen, wenn es die höchsten Ziele im Leben erreichen soll, findet bis heute keine Beachtung. Es wird als schwaches, von Erwachsenen getragenes Individuum gesehen, nie als rechtloser, von Erwachsenen unterdrückter Mensch» *(The Child in the Familiy, S. 15; dt. Übers.).*

Normas Mutter war ein narzißtisch mißbrauchtes Kind gewesen, und sie mißhandelte Norma auch. Sie war eine kalte, kantige Person, die Norma nur selten Zuneigung zeigte und die meiste Zeit – wie Norma sich erinnert – entweder depressiv oder voll frustrierter Wut war. Sie hatte wenig Selbstachtung und ließ ihre Emotionen an Norma aus. Wenn Norma etwas gut gelang, so war sie für die Mutter das narzißtische Vorzeigekind; mit den Erfolgen der Tochter stützte sie ihr schwaches Selbstwertgefühl. Instinktiv wußte Norma, daß weder das Lob noch der Zorn der Mutter mit ihr zu tun hatten. Als Mensch mit eigenen Bedürfnissen wurde Norma aber nie betrachtet. Immer gingen die Bedürfnisse der Mutter vor, bis sie schließlich vor Normas Augen Selbstmord beging (sie sprang aus einem Hotelfenster).
Auch *Bernard* hatte sich von seiner Mutter nie respektiert gefühlt. Er schrieb über die sadistische Behandlung durch seine Mutter:

«Sie sah mich gern zornig. Ich glaube, das hat sie genossen – einen kleinen Menschen in Wut geraten zu sehen. Sie hat meinen Zorn meiner Meinung nach nie ernstgenommen, entweder weil es nicht ihr eigener Zorn war oder weil ich nur das Kind war. Ich habe weniger Achtung genossen als die Liliputaner bei Gulliver, obwohl das innerlich für sie vermutlich die gleiche Ausgangslage war – großer Mensch kontra Spielzeugmensch –, nur daß sie der Versuchung nicht widerstehen konnte, ein beherrschbares Spielzeug zur Verfügung zu haben.»

Wenn sadistische Eltern über die Angst oder die Wut ihrer Kinder lachen, kommt sich das Kind dumm, unwert oder unzulänglich vor. *Molly* litt an einer Lärmphobie. Bei lauten Geräuschen – platzender Ballon, Preßlufthammer, Silvesterkracher – erschrak sie übermäßig. Ihre Eltern hatten ihr nicht geholfen, ruhiger zu werden und ihre Angst zu überwinden, sondern hatten die Angst verstärkt, indem sie darüber lachten.

Zahlreiche Männer und Frauen berichten von der Frustration, die sie in der Jugend empfanden, wenn ihre Meinungen und Gedanken als wertlos beiseitegeschoben wurden, nur weil sie von einem Kind stammten. Wer ausschließlich die Haltung einnimmt: «Ich weiß es besser als du, weil ich älter und dein Vater bin», kann dem Kind das bleibende Gefühl einpflanzen, seine Ansichten seien keinen Pfifferling wert. Die Wunden, die damit der Selbstachtung des Kindes in den frühen Jahren geschlagen werden, heilen nur sehr schwer.

Eines der unabdingbarsten Rechte in der Familie ist das Recht, Gehör zu finden. Kinder, die auf taube Ohren oder auf Verachtung stoßen, wenn sie von Dingen reden, die wichtig für sie sind, oder die sich davor fürchten, den Eltern überhaupt noch irgend etwas Beunruhigendes oder Sorgenvolles zu erzählen, sind dieses Rechtes beraubt. Das kann für sie ein Anreiz sein, zu lügen, und wird sie mit großer Sicherheit dazu bringen, den eigenen Gedanken und Gefühlen prinzipiell zu mißtrauen, genau wie es die Eltern getan haben.

Eltern glauben gelegentlich, Respekt stehe ihnen gewissermaßen automatisch und einseitig zu, ohne zu bedenken, daß Respekt im Familiensystem etwas wesentlich Allseitiges ist (beziehungsweise sein sollte). Wenn Eltern das Kind achten, achtet das Kind normalerweise auch die Eltern. Umgekehrt können Eltern, die dem Kind keine Achtung zeigen, auch vom Kind kaum Achtung erwarten. *Jane* sprach von «ständigen Streitereien am Familientisch: Vater beschuldigte Mutter, sie erzöge uns nicht richtig und brächte uns keinen Respekt vor ihm bei, und Mutter erwiderte, das sei ja nicht nur *ihre* Aufgabe, und sie könne nicht für alles verantwortlich gemacht werden. Darauf Vater: Wenn du keinen Respekt vor mir hast, haben's die Kinder auch nicht.» Das Kernproblem lag hier darin, daß der Vater den Kindern prinzipiell geringe Achtung entgegenbrachte, was wiederum die Kinder daran hinderte, ihn zu achten.

Unterbehütende Eltern

Unterbehütende Eltern zeigen einen Mangel an Achtung und Fürsorge. Das ist oft in Haushalten der Fall, wo ein Elternteil rücksichtslos und tyrannisch ist. Instinktiv wird sich das Kind an den anderen Elternteil wenden und von ihm entweder direkt Hilfe erbitten oder stumm seine Hilfsbedürftigkeit erkennen lassen; verschließt sich der Elternteil diesem Hilfeschrei, wird er zum passiv Mitschuldigen an den Wunden, die der andere dem Kind schlägt. *Frank*, dessen Vater ein mißhandelnder Alkoholiker war, bekam wenig Unterstützung von der Mutter, obwohl sie ebenfalls mißhandelt wurde. Dadurch, daß sie sich selbst und ihre Kinder nicht schützte, wurde sie zur Komplizin des Mannes. In manchen Fällen, in denen ein Elternteil die Neigung hat, das Kind zu strangulieren oder es inzestuös an sich zu binden, wird der andere Elternteil allein dadurch, daß er die Augen davor verschließt, zum passiv Mitschuldigen. Im Inzestkapitel ihres Buches *Kindesmißhandlung* heben die Kempes diesen Punkt hervor: «In Inzest verstrickte Mädchen werden [häufig] schließlich ihren Vätern verzeihen, selten aber den Müttern, die sie nicht beschützt haben» (S. 74-75).

Norman fühlte sich eingeengt und geknebelt in der Internatsschule, auf die ihn die Mutter geschickt hatte. In seiner Not wandte er sich an den Vater um Hilfe. Der Vater versprach: «Wenn du dich nach einer anderen Schule erkundigst und mir die Unterlagen schickst, dann überrede ich deine Mutter, daß sie dem Wechsel zustimmt.» Norman bekam die Unterlagen zusammen, aber der Vater hielt seinen Teil des Abkommens nicht und ließ sein Kind im Stich. Er scheute die Anstrengung, derer es bedurft hätte, Norman unter den Fittichen seiner dominierenden Mutter hervorzuhelfen.

Wenn Kinder psychische Probleme haben, haben die Eltern eine besonders starke Verantwortung, ihnen beizustehen und sie zu schützen. Als *Olivia* neunzehn war, erlitt sie eine psychotische Episode mit Wahnvorstellungen und paranoiden Gedanken. Ihre Eltern reisten zu ihr in die Stadt, wo sie wohnte, um sie heimzuholen. Auf dem Heimflug ging Olivia auf die Flugzeugtoilette, zog sich aus und erschien splitternackt wieder in der Passagierkabine. Der Vater lächelte nur: Es erinnerte ihn an ihr Verhalten als Kind, als sie, wenn sie nackt aus dem Badezimmer kam, zu rufen pflegte: «Alles wegschauen, ich komme jetzt raus», und gerade dadurch die Aufmerksamkeit auf sich lenkte. Etwas in Olivias Beziehung zu ihren Eltern war inzestuös. Es spiegelte sich in ihrem unangebrachten Verhalten und im unangebrachten, nachsichtigen Akzeptieren ihrer öffentlichen Nacktheit durch den Vater.

Unterbehütende Eltern unterlassen es möglicherweise auch, dem Kind zu helfen, mit Bedrohungen von außen fertig zu werden, eine Unterlassungssünde, die schwerste Folgen haben kann. So ließ die Produktivität eines Dreizehnjährigen schlagartig in allen Lebensbereichen stark nach, und der Junge zog sich in sich selbst zurück. Sein erfolgreicher vierundzwanzigjähriger Bruder, der auch zu Hause wohnte, pflegte ihn auf sadistische

Weise zu hänseln und zu schlagen, und die Eltern griffen nicht ein. Sie stellten sich naiv und rieten den beiden scheinheilig, ihre Probleme «unter sich» zu regeln. Indem sie zuließen, daß ihr jüngerer Sohn schikaniert wurde, wurden sie zu Mittätern der Kindesmißhandlung.

Kinder möchten davon ausgehen können, daß ihre Eltern sie schützen. *Henrys* Vater verließ seine Familie, als Henry noch ein Säugling war, und schickte ihnen nur Weihnachtsgeschenke. Als Henry achtzehn war und seinen Vater besuchen wollte, warf dieser ihn hinaus mit den Worten, er wolle Henry nie wieder sehen. Als Henry jedoch wegen seines komischen Nachnamens gehänselt wurde, antwortete er: «Mein Vater würde dir die Nase einschlagen, wenn du dich über seinen Namen lustig machst», worin sich sein Verlangen nach einem Vater ausdrückte, der ihn beschützte und verteidigte.

Folgen unzulänglichen Elternseins

Edna stellte eine Liste ihrer Erfahrungen zusammen, die sie mit ihrem unreifen tyrannischen Vater und ihrer unzulänglichen Mutter gemacht hatte:

Ich habe gelernt,
- meinen Zorn niemals zu zeigen; zornig sein hieß wie mein Vater sein;
- sämtliche Ratschläge meiner Eltern als Unsinn zu betrachten, den man überhörte oder dem man zuwiderhandelte, wenn man außerhalb ihrer Sichtweite war;
- Wärme, Bejahung, Geborgenheit nur bei Freunden, Lehrern, anderen Menschen, auf jeden Fall nicht bei den Eltern zu suchen; meine Freunde haben mich selten im Stich gelassen;
- mich zurückzuziehen in meine Bücher, in irgendwelche Bücher, alle Bücher; dort konnten sie mich nicht finden;
- jede denkbare legitime Ausrede zu finden, um von zu Hause weg zu sein;

– zu Hause äußerst verschlossen zu sein und so wenig wie möglich von meinem Leben außer Haus zu erzählen; nie etwas von meinen Gedanken preiszugeben – sie wurden, wenn ich es doch wagte, immer gegen mich benutzt;
– sie nie, nie wissen zu lassen, daß sie mir wehgetan hatten.

Die Entwicklung eines Kindes kann ein Gradmesser für die Reife und Zulänglichkeit der elterlichen Persönlichkeit sein. Eltern können erkennen lernen, wann ihre Schwächen und Unzulänglichkeiten der Entwicklung ihres Kindes abträglich sind. Dann können sie Verantwortung für eine Kurskorrektur übernehmen und eventuell Hilfe bei äußeren Instanzen suchen, etwa bei einem Psychotherapeuten oder einer Beratungsstelle.

Eltern als Moloch

Das Kind im Würgegriff

Mocheltern binden die Energie des Kindes und lassen ihm keine Kraft, zu wachsen und seine einzigartige Persönlichkeit zu entwickeln. Sie ersticken ihr Kind mit Regeln und Forderungen, mit überbehütender Liebe und Schuldgefühlen. Eltern dieser Art geben sich oft die größte Mühe, den normalen Abnabelungs- und Individuationsprozeß des Kindes zu hintertreiben. Sie investieren zu viel in das Kind, nehmen gewaltige Opfer und Verpflichtungen auf sich, erwarten dafür aber Leben und Seele des Kindes. *Ich will dich ganz für mich* heißt das Motto; Mocheltern gieren nach Liebe und Zuneigung des Kindes.

Eltern, die nicht zulassen können, daß ihr Kind sich von ihnen abnabelt, schränken und engen seine Möglichkeiten ein, selbst etwas aus sich in der Welt zu machen.

Wenn ein Vater oder eine Mutter den Sprößling in die Rolle des Freundes, des Trösters in der Not, des Vertrauten hineindrängt, dann wird man von Kindesmißhandlung sprechen können. Es sollte nicht die Hauptaufgabe der Tochter sein, Psychotherapeutin für den Vater zu spielen und sich anzuhören, welche Sexualprobleme er mit der Mutter (oder mit anderen Frauen) hat.

Lindas Vater bettelte die Tochter um Briefe an und sagte, das gebe seinem bedrückten Gemüt Auftrieb. Ohne diese Briefe könne er gar nicht leben. Als nächstes bestand er darauf, sie müsse um seinetwillen religiös fromm sein. Und schließlich bat er sie, ihrem Bruder eine größere Geldsumme zu leihen; dem Vater zuliebe nahm sie einen Kredit auf und schenkte dem

Bruder das Geld. Ein Hineindrängen in Fremdrollen: Vertraute und Ersatzfrau des Vaters und Familienwohltäterin. Im Lauf der Zeit erkannte sie, daß sie lernen mußte, sich von den Forderungen und Pressionen des Vaters zu lösen.

Einem anderen Mädchen, Liebling des Vaters, wurde immer wieder gesagt: Tu ja nicht die Dinge, die deine Mutter gemacht hat. Damit wollte der Vater über die Tochter die schlechte Beziehung kompensieren, die er zu seiner Frau hatte. Er machte es ihr dadurch fast unmöglich, sich mit ihrer Mutter zu identifizieren. Auch *Emily* wurde in die Rolle der Beschützerin und Dienerin des Vaters hineingedrängt. Die Mutter war ihres Mannes überdrüssig geworden und sagte zu Emily: «Er ist dein Vater – sorge du für ihn.» Von Emily wurde erwartet, daß sie kochte, das Haus sauberhielt und den Vater allgemein bei Laune hielt.

Für ein solch einengendes Elternverhalten gibt es viele Beispiele; aus der US-Geschichte wäre etwa Thomas Jefferson zu nennen. Seine Liebe und Sorge für seine Töchter nahm unmäßige Formen an. Um glücklich zu sein, schien er ihrer unablässigen Fürsorge und Zuwendung zu bedürfen. In einem Brief an Martha (28. 3. 1787) schreibt er: «Niemand auf der Welt kann mich so glücklich und so unglücklich machen wie du.» Ein weiteres Beispiel, zehn Jahre später, aus einem Brief an die Tochter Maria (11. 3. 1797): «Meine Liebe zu Deiner Schwester und zu Dir kennt keine Grenzen, und da ich kaum ein anderes Ziel im Leben sehe, würde ich meinem Dasein bereitwillig ein Ende machen, wenn mein Fortleben etwa irgendwann für Dich nutzlos würde.»

Hinweise auf die Ursache dieses erstickenden Vaterverhaltens finden sich in Jeffersons Kindheit und in der Tatsache, daß er sich entschloß, auf seinem Gut Monticello in Virginia zu leben. Monticello lag nur vier Meilen von dem Ort entfernt, an dem seine Mutter wohnte, und Jeffersons Individualität in der Provinz führte auch zu seiner finanziellen Stagnation, da er dort als Rechtsanwalt nicht genug Geld verdienen konnte. Jefferson vermißte die ständige Zuwendung und Zuneigung, nach der er offenbar hungerte. Er liebte seine Töchter mit einer Inbrunst, die normalerweise der Ehefrau vorbehalten bleibt. In jedermanns Gunst erwartete er an erster Stelle zu stehen, und die Botschaft, die er seinen Töchtern unbewußt vermittelte, war: «Seid vor allem immer für mich da.» Tatsächlich kümmerten die Töchter sich in erster Linie um ihn, nicht um sich selber oder ihre Familien. Ihr persönliches Leben war katastrophal. Jefferson wurde schließlich Präsident der Vereinigten Staaten – mit seiner Tochter Martha als First Lady. Seine Bedürfnisse «erstickten» diejenigen seiner Kinder.

Ein junger Mann namens *Brad* schrieb über seine sadistische Mutter:

> «Ich erinnere mich an eine Kindheit voller Frustration. Sehr zwiespältige Gefühle brachte ich meiner Mutter entgegen – einerseits liebte ich sie, andererseits wollte ich sie schlagen und die Fesseln sprengen, die sie mir anlegte. Sie preßte mich immer an sich und küßte mich auf höchst sadistische Weise: sie ließ mich nämlich nicht los, wenn ich weg wollte, und hielt mich fest, bis ich schrie oder aus Wut lachte.»

Brads Vater verließ die Familie, als Brad drei war, und das Verhalten seiner Mutter zeigt klar eine inzestuöse, besitzergreifende Haltung dem Sohn gegenüber. Brad spürte, daß sie den Sohn nicht verlieren wollte, den zweiten Mann in ihrem Leben.

Wenn Kinder die Einsamkeit oder Depression eines Elternteils spüren, versuchen sie oft, die Lücke auszufüllen. Sie glauben, sich tröstend-willfährig verhalten und die Eltern behüten zu müssen, und oft bringen sie es später kaum übers Herz, sich von dem Elternteil abzulösen, der sie zu binden versucht hatte. Sie sind besorgt, die Eltern könnten einen seelischen Zusammenbruch erleiden und sich zurückgewiesen und abgelehnt fühlen, wenn sie selbst das Haus verlassen wollen und die Eltern allein zurückbleiben.

Wenn Eltern sich inzestuös verhalten, wollen sie sich nicht mit der Tatsache abfinden, daß die Kinder erwachsen werden und irgendwann ihre Sexualität auf Personen außerhalb der Familie richten. Viele Väter finden es befriedigend und herrlich, eine Tochter zu haben – bis das Kind in die Pubertät kommt. Die junge Frau, die da heranreift, setzt den Vater unter einen ganz spezifischen Druck; er muß mit der Sexualität der Tochter klarkommen, und er muß alle inzestuösen Gedanken unterdrücken, die er vielleicht hat. Es mag für einen Vater dieses Schlages leichter sein, wenn er seine Tochter überreden kann, wie eine Nonne zu leben, denn dann braucht er sich eigentlich nie von ihrer Sexualität zu trennen, da sie ja verdrängt ist. Väter, deren Töchter nicht wie Nonnen leben wollen, spüren manchmal den Wunsch, das Töchterlein gewissermaßen in Schutzhaft zu nehmen. Sie sehen die sexuellen Gehversuche der Kinder als Promiskuität oder Hurerei. Solche Situationen sind ungeheuer stark mit pathologisch bindender Eifersucht aufgeladen; derart kontrollierende Eltern setzen das Familiensystem einer Zerreißprobe aus, indem sie sagen, sie könnten nicht vertrauen.

Solche übermäßig besitzergreifenden Eltern geraten in Panik bei dem Gedanken, daß ihre Kinder einmal aus dem Hause gehen. Jung spricht von Müttern, «die ihren einzigen Sinn in ihren Kindern sehen und in ein bodenloses Nichts zu fallen glauben, wenn sie ihre Kinder aufzugeben haben» (GW 5, §114). *Carols* Eltern ermutigten ihre Tochter nie, von zu Hause wegzuziehen, und hintertrieben unbewußt alle Schritte, die darauf zielten. Sie sagten: «Klar kannst du ausziehen, wenn du heiratest» und: «Nur ‹gewisse Mädchen› nehmen sich eine eigene Wohnung.» Von Zeit zu Zeit machte Carol Ausbruchsversuche, fühlte sich aber immer gezwungen, zurückzukommen.

Selbst wenn sie das Nest verlassen haben, fühlen sich diese Kinder bemüßigt, die Eltern ständig zu besuchen. Während des Studiums müssen sie alle Semesterferien zu Hause verbringen. Darüber hinaus zeigen die Eltern «Revier-Eifersucht» und sind äußerst verletzt, wenn die Kinder auf der Durchreise nicht jedesmal bei ihnen hereinschauen.

Würgegriff-Eltern glauben, daß Fehler eines Kindes stets «Fehler fürs Leben» sind, und suchen deshalb das Leben des Kindes so einzurichten, daß es gleich die Einstellungen der Eltern zur Welt übernimmt, statt eigene zu entwickeln.

Ein Junge äußerte mir gegenüber stolz, seine Mutter würde *alles* für ihn tun. Positive Eltern aber tun nur das für ihr Kind, was das Kind nicht selbst für sich tun kann. Überstarkes Helfen kippt ins Gegenteil um.

Eltern, die das Kind erdrosseln, glauben meistens, daß sie das Kind lediglich vor Schaden und Enttäuschung schützen. Geht dieser Beschützerwunsch zu weit, kann er zur schweren Fessel für die spätere Entscheidungsfähigkeit des Kindes werden. *Mary* hatte solche überbehütenden Eltern. Jedesmal, wenn irgend etwas schiefging, das sie tat, hörte sie: «Siehst du, haben wir es dir nicht gesagt?» oder «Das hast du nun davon.» Die Eltern wollten nicht, daß sie irgend etwas Neues probierte. Sie erzogen Mary die Haltung an: «Es kann nur noch schlimmer kommen» statt: «Es kann auch besser kommen».

Eltern, die die Entwicklung des Kindes blockieren, blockieren unter Umständen auch ihre eigene Entwicklung. Flexible Eltern dagegen wachsen mit dem Kind und zelebrieren und feiern die gesunde Entwicklung des Kindes und die Entdeckungen, die es dabei macht.

Der Manager

Manche Eltern handeln nach dem Grundsatz: Das Kind stets führen, nie ihm folgen. Ein fundamentalistisches Erziehungsverständnis praktizierend, geben sie Leit- und Kernsätze von sich: «Alle Regeln müssen bis zum i-Tüttelchen befolgt werden» und «Mutter/Vater weiß das besser». Eltern, die als Manager für ihr Kind handeln, sind häufig blind dafür, daß es – in den meisten Fällen – das Kind ist, daß es besser weiß.

Das Kind, das bei Managereltern aufwächst, hört ein stetes

Trommelfeuer von Kommandos, Befehlen und Vorschlägen für alles und jedes (iß dies, lies das, geh auf die Schule X, heirate den Typus Y). Diese Eltern sind gleichsam immer einen Schritt weiter als ihr Kind. Studiert der Sprößling Medizin, planen die Eltern bereits die Einrichtung seiner Praxis, ohne Rücksicht darauf, daß er vielleicht ja lieber in die Forschung, in die Lehre etc. wird gehen wollen; denn sie haben beschlossen: Er wird sich niederlassen.

Louise war eine typische Managermutter. Sie wohnte in einer gutbürgerlichen Vorortsiedlung. Überempfindlich und an Äußerlichkeiten hängend, konnte sie es nicht ertragen, daß irgend etwas in ihrem Heim und in ihrem Leben nicht in Ordnung war. Alles mußte jederzeit unter Kontrolle sein. Ihr Haus führte sie wie ein Internat oder ein Ferienlager, wo jeder Augenblick geplant ist. Sie setzte so viele Grenzen, daß die Kinder sich nicht mehr rühren konnten. Ihr Sohn mußte das Instrument spielen, das sie für ihn ausgesucht hatte, und wurde gezwungen, jeden Nachmittag zu üben. Übte er nicht, durfte er nicht mit seinen Freunden spielen. Jede Woche mußten die Kinder ein Buch lesen – ein Buch ihrer Wahl – und darüber Rechenschaft geben. Jeden Tag waren genaue Zeiten für die Hausaufgaben festgesetzt. Von diesem starren Schema durfte nie abgewichen werden.

Mit Vorliebe las Louise Bücher über aufopferungsvolle Mütter berühmter Kinder. Sie sah sich als hochengagiert und war stolz auf ihre perfekte Familienführung. Die Resultate, freilich, waren anders als erwartet. Ihr Sohn entwickelte selbstzerstörerische Tendenzen, verletzte sich ständig und war Dauergast in der Notfallstation des Krankenhauses. Lehrern und Mitschülern gegenüber verhielt er sich sadistisch und hatte in der Schule viele Schwierigkeiten.

Bei einer weiteren Managermutter war es stehende Regel, daß die Töchter jeden Nachmittag um fünf Uhr ihre Nadelarbeiten hervorholen mußten. Kamen die Kinder zu spät zum Abendessen, mußten sie sich selbst versorgen. Waren sie im Obergeschoß, wenn sie zum Essen rief, und reagierten nicht sofort, bekamen sie nichts mehr. Eine der Töchter rebellierte, indem sie magersüchtig wurde. Ihre Krankheit war ein verzweifelter Versuch aus dem Management ihrer Mutter auszubrechen.

Extremfälle, sicherlich; aber sie veranschaulichen Tendenzen, die viele Eltern ihren Kindern gegenüber zeigen. Die Eltern sind so hochbesorgt um das Leistungsfortkommen des Kindes, daß sie am Ende alles Spiel in Arbeit verwandeln. *Tom* war nur ein mittelmäßiger Geiger, aber seine Mutter wollte ihn groß machen. Um seinen Geigenlehrer auf ihre Seite zu ziehen, spendete sie Geld für eine dem Lehrer genehme Wohltätigkeitsorganisation. Alle Konzerte, in denen ihr Sohn spielte, nahm sie auf Tonband, als gälte es, seine Karriere für die Nachwelt zu dokumentieren. Sie setzte Tom unter chronischen Druck und behauptete, später würde er ihr einmal dafür dankbar sein. Solcher Zwang ist jedoch eher geeignet, einem Kind die Musik ein für allemal zu vergällen.

Manche Kulturen scheinen einen unflexiblen, starren Managererziehungsstil zu fördern, von dem Gedanken ausgehend, daß die Dinge unter autoritärer Herrschaft besser laufen. Eine meiner Patientinnen gab mir dafür Beispiele aus ihrer Kindheit in Deutschland. In ihrer Familie herrschten äußerst starre Tischsitten. Kinder durften erst reden, wenn sie angesprochen wurden. Sie durften erst anfangen zu essen, wenn die Erwachsenen angefangen hatten. Unter keinen Umständen durfte ein Kind einen Erwachsenen unterbrechen. Kein Kind durfte vor Beendigung der Mahlzeit aufstehen. Die dahinterstehende Botschaft für meine Patientin war: Kinder haben Erwachsenen nichts zu bieten, und ließe man ihnen freie Hand, würden sie die Welt in ein Tollhaus verwandeln. Die Kinder wurden nicht mit Respekt behandelt, als ebenbürtige Mitglieder des Familiensystems.

Managereltern diktieren ihren Kindern manchmal die Berufswahl, ziehen sogar hinter den Kulissen mit sanfter Gewalt die Fäden. *Brians* Vater war berühmter Mediziner und Lehrkraft an der Universität. Brian wollte Medizin studieren, wurde abgelehnt, schaffte es aber, zum Studium der Zahnmedizin angenommen zu werden. Darüber freute er sich und wollte nun Zahnarzt werden. Eines Tages nahm ihn sein Vater beiseite und sagte ihm, er habe seine Beziehungen spielen lassen, und Brian werde nun doch zum allgemeinmedizinischen Studium zugelassen. Zum erstenmal in seinem Leben hatte Brian das Gefühl gehabt, etwas eigenes geschafft zu haben, und nun nahm ihm sein Vater dieses Gefühl wieder fort. Der Vater erkannte nicht, daß Brian seine Annahme zum Zahnmedizinstudium als persönliche Leistung bewertete. Mit Hilfe einer Psychoanlayse war Brian imstande, dem Vater entgegenzutreten: Er werde nicht Allgemeinmedizin studieren. Er wurde Zahnarzt und in seinem Beruf glücklich.

Andere Kinder schaffen die Ablösung nicht so glatt. Sie werden gezwungen, ins Familiengeschäft einzutreten und für die Eltern zu arbeiten, anstatt sich selbständig zu machen. Eltern, die erfolgreich und wohlhabend sind, haben oft überstarken Einfluß auf die Entscheidung der Kinder. Wo Geld vorhanden ist, kann die Neigung bestehen, das Kind zu kaufen. Tauschgeschäfte oft recht platter Art werden abgeschlossen: «Du kriegst alles Geld, das du brauchst, und ein schönes Auto, wenn du auf das College gehst, das ich dir aussuche.»

Margaret heiratete in eine reiche Familie hinein, und sie und ihr Mann kauften ein Haus in einem guten Vorort. Ihr Schwiegervater verlangte nun – und das war ein Befehl –, daß sie die Küche neu einrichteten. Es bedeutete ihm viel, und er hatte die Kontrolle über das Geld in der Familie. Margarets Mann hatte sich von seinen Eltern noch nicht genügend gelöst und gab ihrem Druck nach: Dies kostete ihn die Ehe. Manche Molocheltern entwickeln einen Stil, bei dem das Geld nur in kleinen Dosen ausgeteilt wird. Dahinter steht ausgesprochen oder unausgesprochen die Drohung: Wenn du nicht spurst, verlierst du deinen Erbteil oder dein Mündelvermögen. Manager haben kein Vertrauen darauf, daß die Kinder selber richtige Entscheidungen treffen. Sie können ihren Kindern nicht folgen und können sie keine eigenen Risiken eingehen lassen.

Achtung der Privatsphäre

Kontrollierende Eltern haben wenig Achtung vor der Privatsphäre des Kindes, vor seinen Besitztümern, Geheimnissen, Briefen, auch dem Intimbereich seines Körpers. Sie glauben, sie hätten einen besonderen elterlichen Freibrief, jede beliebige Frage stellen und seelische und körperliche Offenheit von ihren Kindern verlangen zu können. Dies ist nicht nur eine Verletzung des Intimbereichs des Kindes, sondern ist auch ein Zeichen für ihren Besitzanspruch auf das Kind.

Neugierige Eltern kennen keine Hemmungen, Post und Tagebuch des Kindes zu lesen, seine Telefongespräche abzuhören, sogar – wie im Falle einer Frau, die ich kannte – ihre Kinder zu hypnotisieren. Bekanntestes Beispiel dieser Art von Zudringlichkeit ist die «Politik der offenen Tür». *Paula* konnte, als sie zwölf wurde, den jähen Wandel in der Haltung ihrer Eltern nicht verstehen. Bis dahin hatte sie große Freiheiten genossen, was ihr Kommen und Gehen und ihre Besuche bei Freunden betraf. In der Pubertät änderte sich das:

«Plötzlich hatten sie richtige Argusaugen. Alle Türen mußten immer offenstehen; meine Post und Telefonanrufe wurden scharf kontrolliert. Mir war, als stünde ich rund um die Uhr unter Bewachung. Sie wollten zu jeder Zeit wissen, wo ich war.»

Auf Paulas Seite entsprach dieser elterlichen Bewacherhaltung eine sich fast zwangsartig entwickelnde Neigung zur Lüge. Paulas Eltern rechtfertigten ihr Handeln vor sich selbst, indem sie sagten, sie wollten ja nur sichergehen, daß Paula nichts passierte. Als Erwachsene durchlief Paula ein paar Jahre lang eine promiskuitive Phase. Sie war bei ihren Abenteuern letztendlich frigide, schien aber getrieben, sie zu wiederholen. In Therapie ging sie auch aus dem Grund, daß sie nach zwei Jahren Ehe alle Lust auf Sex verloren hatte. Wie sich herausstellte, war ihre sexuelle

Aversion ein Mittel, sich der Selbstbestimmung über ihren Körper zu versichern, ein Recht, das ihr die Eltern stets verweigert hatten.

Die Folgen für Paula waren verheerend: Ihre Fähigkeit, sexuelle Lust zu empfinden, war gleich Null, und in bezug auf sexuelle Phantasien hatte sie Schwierigkeiten, was zum weitgehenden Verlust ihres Sexualtriebes geführt hatte. Wenn es stimmt, daß sexuelle Lust teilweise von der Fähigkeit zu phantasieren abhängig ist, dann untergraben Eltern, die ihrem Kind (durch Verweigerung einer eigenen Intimsphäre) die Möglichkeit zum Phantasieren nehmen, zugleich sein Sexualpotential. Wenn sie doch einmal phantasierte, fühlte Paula sich schuldig, und sie unterdrückte ihre Sexualphantasien, um ihr Phantasieleben zu reglementieren. Indem die Eltern Paulas Privatsphäre mißachteten, stellten sie sich auch ihrer *psychosexuellen* Entwicklung hindernd in den Weg. Die Privatsphäre ist kein Luxus, sondern eine Notwendigkeit. Im Erwachsenenalter, als die Eltern ihr de facto nichts mehr verbieten konnten, litt Paula gleichwohl weiter unter der verinnerlichten restriktiven Elternhaltung. Erst als sie sich mit diesen Komplexen auseinandergesetzt hatte, vermochte sie sich als Mutter zu sehen und sich zu entscheiden, selbst eine Familie zu gründen.

Eine Patientin, die ebenfalls in einem Haushalt mit zwangsweise offenen Türen aufwuchs, pflegte in Schränken Zuflucht zu nehmen, um einmal allein zu sein. Ergebnis der «progressiven» Offenheitsideologie der Eltern war, daß eines der Kinder zum Exhibitionisten wurde und das andere einen völlig eingefallen aussehenden Körper hatte. In solchen Häusern sind keine Bedingungen für eine gesunde Entwicklung der Kinder gegeben. Die Tür zum Kinderzimmer sollte ein Schloß haben, und dem Kind sollte zugesichert werden, daß es ein Recht auf Privatheit hat. Solche «Kleinigkeiten» im materiellen Milieu des Kindes werden von Eltern oft unwissentlich vernachlässigt – aus Unkenntnis, wie wichtig solche Rahmenbedingungen für die Reifung des Kindes sind.

Als *Wendy* siebzehn war, riet ihr die Mutter, die Anti-Baby-Pille zu nehmen. Als sie dann ihren Vater besuchte, fand ihre Stiefmutter die Pille in ihrem Gepäck. Die Stiefmutter ließ keine Gelegenheit aus, über die schrecklichen Nebenwirkungen der Pille zu sprechen. Obschon sie dies als hilfreiche Besorgnis tarnte, stand nur Schnüffelsucht dahinter. Es war ein Einbruch in die Privatsphäre, daß sie das Gepäck durchsuchte, und ein weiterer Treubruch, private Informationen publik zu machen.

Manche Eltern greifen so stark in das Intimleben des Kindes ein, daß sie sich sogar das Recht anmaßen, seine Phantasien zu kontrollieren. Solche Eltern begehen einen schweren Denkfehler: Phantasien sind keine Realität – das Kind wird seine Phantasievorstellungen nicht unbedingt in die Tat umsetzen. Wenn Eltern danach streben, ins Phantasieleben des Kindes einzugreifen und es zu reglementieren, stellen sie sich dem Bemühen des Kindes in den Weg, mit Hilfe der Phantasie persönliche Fragen durchzuarbeiten. *Cheryl* und *Peter* pflegten die Telefongespräche ihres elfjährigen Sohnes mitzuhören: Einmal bekamen sie mit, wie er mit einem zwölfjährigen Freund Sexualphantasien austauschte. Cheryl und Peter waren entsetzt und beschlossen einzugreifen. Diese Art von «Schutz» und Intervention zerstört die Vertrauensbasis der Eltern-Kind-Beziehung. Kinder haben ein Recht auf ihr Privatleben, insbesondere auf ihre Phantasien, und sollten sie vor ihren Eltern nicht rechtfertigen müssen.

Überbehütung

Als mein Sohn elf Jahre war, kam er eines Tages heim mit einem geschwollenen Zeh, der sich später als gebrochen herausstellte. Beim Spielen war ihm ein Stein auf den Fuß gefallen. Meine offenbar besorgte Miene interpretierte er als: «Warum bist du nicht vorsichtiger?» oder: «Ist das ein Zeichen, daß du ein Unglücksvogel bist?» Er erwiderte nämlich: «Wenn ein Kind bis vierzehn nicht mindestens einen Knochen gebrochen hat, hat es einen Weltrekord gebrochen. Kann es nicht hin und wieder einen Knochenbruch riskieren, dann wird das Kind an den meisten Spielen nicht mehr teilnehmen, wird nicht Rad und Rollschuh fahren und wird garantiert alle Sportarten meiden, die mit Körperkontakt zu tun haben. Die wahre Gefahr einer Identifikation des Kindes mit der überbehütenden Haltung seiner Eltern zeigt sich freilich erst später: Das Kind kann zu einem Leben der Mittelmäßigkeit verurteilt werden, weit unter seinen Möglichkeiten. Die scheinbar harmlose Überbehütung kann aus ihm einen «Underachiever» machen, einen Menschen, der immer unter seinem Leistungsniveau bleibt.

Überbehütende Eltern erziehen dem Kind die Haltung an: Die Lebensmöglichkeiten zu erforschen, birgt nur überflüssige Risiken. Fahr nie Rad: du könntest stürzen. Fahr nie Auto, ehe du fünfundzwanzig bist: es ist statistisch zu gefährlich. Geh nicht in tiefes Wasser: du könntest ertrinken. Wohlmeinende Eltern stecken voller solcher Ratschläge: «Geh nie auf öffentliche Toiletten.» «Geh jedem Fremden aus dem Wege.» «Rechne immer mit dem Schlimmsten, dann wirst du nie enttäuscht.» Von all diesen negativen Lebensansichten ist die letzte die gefährlichste, denn sie kann zur «self-fulfilling prophecy» werden, zu einem Fluch – das Kind rechnet als Erwachsener damit, daß jedermann es malträtiert, enttäuscht, im Stich läßt. Indem die Eltern das Kind vor Schaden bewahren wollten, haben sie ihm viel schlimmeren Schaden zugefügt.

Scott erinnerte sich daran, daß er sich vom normalen zwischenmenschlichen Verkehr ausgeschlossen fühlte. Seine Mutter hatte sich immer vor den Konsequenzen seines Kontakts mit anderen Kindern gefürchtet. Scott erzählt:

«Ich war aus diesem Grund immer eine Randperson. Nie machte ich unmittelbare Erfahrungen mit anderen Kindern. Was sie taten, erfuhr ich nur aus ihren und meiner Mutter Erzählungen, nahm aber nie selbst teil. Sie ließ mich nie. Fand ich mal einen Spielkumpanen, hat sie mich immer irgendwie wieder vom Spielen abgeschreckt. Ich verschloß mich, von da an war mein Selbstvertrauen erschüttert, und ich hatte keinen Angriffsplan im Leben.»

Manche Eltern sind überbehütend, weil sie ihren Kindern — aufrichtigen Herzens — schwere Lebensprobleme ersparen wollen, die sie selber durchmachen mußten. *Jonathan* beispielsweise konnte nie verstehen, warum sein Vater seine Schwester vor ihm abschirmte. Er benahm sich, als sei Jonathan ein Verbrecher oder ein Schläger, der ihr bei der erstbesten Gelegenheit weh tun würde. Erst später erfuhr Jonathan, daß der Vater als Kind von einem älteren Bruder mißhandelt worden war. Er verhielt sich, als ob in jeder Familie die Kinder füreinander eine Gefahr wären. Jonathans Vater war blind für das Potential einer gesunden Liebe zwischen seinen Kindern und ließ nicht zu, daß sich herzliche Interaktionen in den Beziehungen seiner Kinder entwickelten.

Übermäßiges Sich-Sorgen-Machen ist auch Kraftverschwendung, weil es nichts bringt. Können Eltern einem Kind in einer bestimmten Lage nicht helfen, sollten sie darauf vertrauen, daß das Kind selber zurechtkommt, und die Probleme dann einzeln angehen, wenn sie auftauchen. Hemmen Eltern das Leben des Kindes mit übergroßer Bangigkeit, dann vermitteln sie den Eindruck, als lebten sie in ständiger Erwartung des Weltendes oder eines unausweichlichen Unheils (die Fritz Perls'sche «Katastrophenerwartung»). Sie vermitteln ein Bild mangelnden Vertrauens auf die Fähigkeit des Kindes, in der Welt zurechtzukommen.

Vielerlei paradoxe Botschaften werden von überbehütenden Eltern an die Kinder ausgestrahlt. Einerseits wollen sie (beispielsweise), daß sich ihre Kinder gesund entwickeln, «heiraten und uns Enkelkinder schenken» — andererseits wollen sie, daß ihre erwachsenen Sprößlinge sie oft besuchen, noch öfter anrufen und allgemein die Eltern-Kind-Bindung eng halten. Sie geben mit der einen Hand und nehmen mit der anderen; fordern ihre Kinder zur Selbständigkeit auf und geben ihnen nicht die Kraft, selbständig zu sein.

Eine Frau erzählte mir: «Meine Mutter hat alles für mich getan. Sie hat mich sogar gebadet, bis ich zwölf war.» Die traurige Folge war, daß die junge Frau nie lernte, für ihren Körper und für ihre Habe zu sorgen. Sie arbeitete erfolgreich in einem gehobenen Beruf, vernachlässigte aber ihre Gesundheit, verschluderte Sachen, ließ ihr Zuhause verwahrlosen, vergaß Rechnungen zu zahlen. Da die Mutter immer alles für sie erledigt hatte, hatte sie nie gelernt, selbst Verantwortung zu übernehmen. Eltern, die ihre Kinder davon abhalten, autonom zu werden, leisten ihnen einen Bärendienst: solche Kinder treten hilflos in die Welt hinaus. Der Mangel an Überlebenswissen kann richtiggehend peinlich werden. Die Frau aus unserem Fallbeispiel wurde auf der Arbeit einmal von ihrem Dienstmädchen angerufen, die dachte, zu Hause sei eingebrochen worden, weil Kleider und Haushaltsgegenstände überall verstreut lagen, Schubladen herausgezogen und umgekippt waren und so weiter. Aber es war nicht eingebrochen worden; das Zuhause dieser Frau sah immer so aus.

William war sehr stark von seiner Mutter wie auch vom Vater abhängig. Wegen seiner starken Mutterbindung vermochte er keine erfolgreichen Beziehungen zu Frauen zu knüpfen; trotzdem hielt er seinen Abhängigkeitsstatus aufrecht. Er war oft impotent und hatte einen häufig wiederkehrenden Traum, in dem er versuchte, Leute mit einem Gewehr zu erschießen, das nicht losgeht. Erst nachdem er sich zu ersten Trennungsschritten und selbständigen Entscheidungen durchgerungen hatte, konnte er anfangen, sein Syndrom durchzuarbeiten.

Ein anderer junger Mann, den ich kannte, spürte ebenfalls, daß seine Mutter ihm «zu nahe stand»; sie sprach geringschätzig von seinen Chancen und Aussichten in der Welt und hätte am liebsten die Mutterbindung unverändert aufrechterhalten. Mit Argusaugen verfolgte sie ihn und diktierte ihm jeden Schritt. Da sie, wie er glaubte, noch starke Kontrolle über seine Sexualität ausübte, hatte er mit seinen Beziehungen zu Frauen kein Glück und wurde schließlich Transvestit. Ein Extremfall, gewiß, aber er demonstriert ein wichtiges Element des Überbehütungssyndroms. Das überbehütete Kind kann nämlich das Gefühl haben, seine Eltern saugen alle seine Energie auf, und es müsse nun irgendeinen drastischen Schritt tun, um sich von der Dominanz der Eltern loszureißen, damit seine Persönlichkeit sich entfalten kann.

Der Märtyrer

Strangulierende Eltern schlüpfen manchmal in die Rolle des Märtyrers: Sie sorgen dafür, daß das Kind niemals vergißt, welche Opfer sie ihm gebracht haben. *Kate* war der Meinung, wer Mutter werde, müsse auf jeden Fall den Beruf und alle Hoffnungen auf Autonomie preisgeben, denn so hatte sich seinerzeit (wie sie glaubte) ihre Mutter verhalten. Den chronischen Alkoholismus der Mutter führte sie auf deren Depressionen zurück, die aufgetreten waren, als sie ihre Berufslaufbahn aufgab, um Hausfrau und Mutter zu werden. Jetzt ist Kate fest entschlossen, nie Kinder zu bekommen. Muttersein ist in ihren Augen assoziiert mit Krankheit, Selbstaufopferung und psychischen Störungen.

Alisons Eltern pflegten zu sagen: «Bis die Kinder kamen, war bei uns alles in Ordnung» und: «Wir waren so glücklich, bis...» Kaum etwas ist für ein Kind so deprimierend wie eine Mutter, die glaubt, sie habe für das Kind ihr Leben aufgeopfert, gleichgültig, ob diese Botschaft stumm oder mit Worten vermittelt wird.

Lauries Mutter pflegte Schuldgefühle zu wecken, indem sie sich Nachbarn und Freunden gegenüber als verfolgt und vernachlässigt hinstellte. Einmal bekam Laurie von einer Freundin der Mutter einen Beschwerdebrief: «Wie kannst du die Hände in den Schoß legen und deiner Mutter nicht helfen, die Heizung und die Reparaturen an ihrem Haus zu bezahlen?» Sprich: Du bist ein undankbares, grausames Kind. Dabei konnte sich die

Mutter die Reparatur viel eher leisten als Laurie und suchte lediglich ihrer Tochter Schuldgefühle zu machen, weil sie sich angeblich nicht genug um sie kümmerte.

Die gehetzte Hausfrau ist ein typisches Beispiel für den Märtyrer, der sich weigert, innerhalb der Familie Verantwortung zu delegieren. Sie klagt, daß niemand ihr hilft – tut aber nichts, um die Situation zu ändern. *Judys* Mutter war eine Märtyrerin dieses Schlages. Als Ehefrau glaubte sie, ihrem Mann und den Kindern alles geopfert zu haben. Sieben Jahre trug sie denselben Mantel und ließ keine Gelegenheit aus, jedermann an ihre Opferrolle zu erinnern. Einmal klagte sie, nie helfe ihr jemand beim Feiertagsessen: Am Feiertag kam Judy, um ihr zur Hand zu gehen. Die Mutter lehnte ab mit den Worten: «Danke, ich brauche keine Hilfe, ich mach's lieber allein.» Als Judys Vater eine Liebesaffäre hatte, fühlte sich die Mutter betrogen; sie äußerte Überraschung und Zorn über das Zerbrechen ihrer «perfekten» Ehe. Sie wollte nicht zugestehen, daß sie vielleicht auch selbst am Zerfall der Beziehung zu ihrem Mann mitschuldig war und lieber in einer erloschenen Ehe weitergelitten als die Scheidung eingereicht hatte. Sie war zum Leiden bestimmt, egal was es sie kostete. Sie zahlte einen Teil der Hochzeitskosten für Judy – und ließ es Judy dann nie vergessen. Auch lieh sie Judy und ihrem Mann 2000 $ für eine Anzahlung auf ihr Haus, ohne ein Zeitlimit für die Rückzahlung zu nennen. Als Judy und ihr Mann anschließend in Ferien fuhren, klagte sie: «So, für den Urlaub habt ihr Geld – und wo ist meins?» In klassischer Märtyrerpose mißgönnte sie Judy ihr Glück.

Eltern opfern ihren Kindern viel Zeit, Kraft und Geld, sind aber meistens keine Märtyrer. Gute Eltern meistern das Paradox: zu geben, was sie haben, ohne zu opfern, was sie sind. Erst wenn das Opfer als sinnlos gesehen wird oder wenn es für den Vater oder die Mutter zur masochistischen Erfüllung wird, wird es zur Bürde für Eltern und Kind.

Tyrannische Eltern

Ich bin der Größte

Eltern, die Selbstwertprobleme haben, suchen diesen Mangel oft
dadurch auszugleichen, daß sie andere Familienmitglieder
tyrannisieren. Der Familientyrann (ob Vater oder Mutter) zeigt
einen grausamen, unflexiblen, häufig äußerst brutalen Stil im
Umgang mit den Kindern. Heftig schwanken seine Stimmungen,
und jedes Mitglied des Haushalts ist gehalten, ihm kniefällig zu
Willen zu sein. Er sieht sich – beziehungsweise die Kinder sehen
ihn – als absolutistischen Feudalherrscher. Oft hat er narzißtische Störungen – Bedürfnisse, die nicht hinreichend befriedigt
werden, und dafür rächt er sich, indem er die Kinder terrorisiert.
Die Kinder wachsen in einer Atmosphäre der Angst und des
Mißtrauens heran.

Ein Haus ist gedacht als Wohnort für die ganze Familie, nicht
nur für die Eltern. *Fred* wollte nie im Elternhaus Partys feiern,
weil er miterlebt hatte, was bei den Partys seines Bruders
geschah. Die Eltern wurden so nervös, daß sie ständig störten
und hereinschauten. Dies vergraulte die jungen Gäste. Bei der
Einrichtung ihres Heims schaffen viele Eltern unbewußt eine
unwohnliche, um nicht zu sagen lebensfeindliche Atmosphäre.
Berühmt ist das «Dekor in Weiß», wo man sich abstauben muß,
ehe man sich aufs Sofa setzen darf. Eltern, die empfindliches
Mobiliar wählen, sind oft egozentrisch – sie schaffen Lebens-
räume nur für sich selbst, ohne Rücksicht auf die Kinder.

Manche tyrannischen Eltern scheuen nicht davor zurück, die
Kinder im juristischen Sinn zu betrügen. Als *Andrew* einund-
zwanzig war, brauchte er 2000 $, um ein Auto zu kaufen. Sein

Vater sagte ihm: Nimm einen Bankkredit von 5000 $ auf, ich kann die restlichen 3000 $ selber gebrauchen und zahle den ganzen Kredit zurück. Später stellte Andrew fest, daß er ein schlechtes Kreditlimit hatte, weil sein Vater mit den Ratenzahlungen im Rückstand geblieben war. Ein anderesmal gab Andrew seinem Vater 800 $, damit dieser Aktien für ihn kaufte. Als Andrew das Aktienpaket zu Geld machen wollte, weil seine Aktie um 20 Punkte gestiegen war, stellte sich heraus, daß sein Vater das Geld überhaupt nicht zum Aktienkauf verwendet, sondern es in sein eigenes Geschäft gesteckt hatte.

Tyrannei der Stimmungen

Herrische Eltern errichten oft eine «Tyrannei der Stimmungen» in ihrem Haushalt. Viele Eltern leiten ihre Forderungen mit Statements ein: «Solange du unter meinem Dach lebst...» oder: «Du hast nicht das Recht, in meinem Haus unglücklich zu sein.» Erscheint das Kind traurig oder berunruhigt, sagen sie: «Lächle!», statt zu fragen, was das Kind hat. *Kathys* Vater pflegte zu sagen: «Sei glücklich. Wenn du glücklich bist, bin ich's auch.» Wie Kathy erzählte, waren dabei aber stets die Glückskriterien strittig: Was sie glücklich machte, machte ihn noch lange nicht glücklich. Es herrschte geradezu ein Glückszwang – man durfte nur frohe Miene machen –, und dies übertrug sich dann später auf Kathys eigene zwischenmenschliche Beziehungen. Ihr Vater hatte ihr anerzogen, um der lieben Harmonie willen ihre Gefühle zu unterdrücken. Mit ihrem inneren Selbst und ihren Bedürfnissen wollte er sich nicht abgeben müssen.

Manchmal versklaven tyrannische Eltern das Kind richtiggehend, meinen aber, daß sie die einzigen sind, die hart arbeiten. Daß auch Kinder Arbeit haben, sehen sie häufig nicht. Selbst wenn das Kind ein anstrengendes Universitätsstudium absolviert, ein Musikinstrument spielt, Sport treibt, bei der Hausarbeit hilft, es bekommt gesagt: Du liegst ja nur auf der faulen

Haut. Von manchen Kindern wird erwartet, daß sie den gesamten Hausputz tun und alle Mahlzeiten kochen. Ihr Bedürfnis, Zeit für sich selbst zu haben, wird ignoriert. Eine junge Tochter verbrachte all ihre Abende mit der Bedienung des Vaters. Sie mußte ihn an der Bushaltestellte abholen und nach Hause begleiten, mußte kochen helfen und spülen und sich nach dem Essen mit ihm beschäftigen. Wollte sie abends etwas anderes tun, war er beleidigt. Solchen Kindern wird Verantwortung aufgebürdet, aber die Kraft und die Motivation genommen, sich selbst weiterzuentwickeln.

Ginas Mutter, deren Stimmungen ständig schwankten, änderte oft abrupt und willkürlich die Art ihrer Haushaltsführung. Beispielsweise beschloß sie eines Tages, daß sie ihrer Tochter kein Essen mehr kochen wollte. Gina mußte nun – im wörtlichen wie im übertragenen Sinn – sehen, wo sie etwas herbekam. Auch *Maria* wuchs in einem tyrannischen Familiensystem auf, wo Wohl und Wehe der Familie von des Vaters Stimmungen abhängig waren. Sie litt chronische Angst, dem Vater «auf die Füße zu treten», wenn sie irgendwelche Kritik an der Familie äußerte, besonders am Vater. Wie ein in der Falle sitzendes Tier habe sie sich gefühlt, sagt sie. *Lydias* Mutter pflegte die Tochter lieb und nett auf Einkaufstrips mitzunehmen und Kleider für sie auszusuchen, aber wenn Lydia die ausgesuchten Kleider nicht gefielen, schrie die Mutter mitten im Laden: «Du undankbares Balg!»

Stimmungen werden von den Eltern manchmal als Waffe benutzt. Ein Kind, das in ewiger Angst vor den Launen und Wutausbrüchen seiner Eltern lebt, spürt sich unter einer «emotionalen Knute». Es hat meist das Gefühl, ungerecht bestraft zu werden für Übertretungen, die es nicht begangen hat.

Oft haben Kinder das Gefühl, sich nicht wehren zu können oder zu dürfen. *Diane* erzählte mir von einem Feiertagsessen, daß sie mit viel Mühe und Liebe für die Familie vorbereitet hatte. Es war ein schöner Abend, sagte sie, und ihr tyrannischer Vater war ausnahmsweise mal freundlich. Aber sobald die Gäste gegangen waren, «explodierte er, nannte mich eine faule Schlampe und schimpfte herum. Ich hätte vergessen, das Klo zu scheuern; wie ich da nur hätte Gäste einladen können. Was man auch machte, es war falsch.»

Hinter der Tyrannei steht oft die Drohung körperlicher Gewalt. Wird diese Drohung wahrgemacht, hat das Kind oft das Gefühl, daß sein Leben und seine Sicherheit in Gefahr sind. Als *Lee* acht Jahre war, prallte er beim Vorbeilaufen aus Versehen mit dem Vater zusammen. Sein Vater, so Lee, «explodierte wie ein Wahnsinniger» und verprügelte ihn. Andere Eltern sprechen die Drohung aus, heben die Hand wie zum Schlag, schlagen aber nicht tatsächlich zu. So können sie sich gegen den Vorwurf der Mißhandlung verteidigen, indem sie sagen, sie «berührten» ja das Kind kaum jemals wirklich. Diese «beherrschten» Eltern stauen jedoch oft unterdrückte Wut in sich auf, die sich dann periodisch in verbalen und emotionalen Ausfällen Bahn bricht. Kind und Eltern in einem Zustand des kalten Krieges, der latent immer «heiß» zu werden droht. Kinder in dieser Situation sind oft gehorsam, aber verängstigt; sie haben das Gefühl, daß sie den Eltern nie richtig trauen können, weil sie nie wissen, wie die Eltern reagieren.

Eine etwas subtilere Stimmungstyrannei zeigt sich bei Eltern, die sagen: «Sprich jetzt nicht mit mir – siehst du denn nicht, wie es mir geht?» «Halt den Mund.» «Sprich heute nicht mit Papi, er hat einen schweren Tag im Büro gehabt.» Die Freiheit des Kindes, sich zu äußern – auch Zorngefühle und Kritik zu äußern – wird erheblich beschränkt. Im *Goldenen Käfig* berichtet Hilde Bruch von einem Mädchen aus solchem Hause: «Auf die Frage, ob sie Ärger äußern könne, meinte sie verbittert: ‹Das darf ich mir nie erlauben. Meine Mutter würde sich das nicht bieten lassen. Ich darf keine Widerrede oder etwas in dieser Richtung geben» (S. 51).

Lisa wuchs in einem Angstklima auf und mußte ständig befürchten, ihr Vater werde sie wegen tatsächlicher oder eingebildeter Missetaten schlagen. Sie erzählt:

«Seine Stimmungen waren gewalttätig und völlig unberechenbar. Vom Ausgang eines Baseballspiels konnte das Schicksal der Familie für den Rest der Woche abhängen. Alles konnte ihn reizen; er führte schreiende Rededuelle mit der Telefonvermittlung und hat dabei einmal sogar den Apparat quer durchs Zimmer geworfen und zerbrochen. Es kam vor, daß er mich gezielt schlug, auch in der Öffentlichkeit, aber schlimmer noch waren die Wutanfälle. Am Ende der Mahlzeit lockerte er seinen Hosengurt. Ich war nie sicher, ob er es sich nur bequem machen oder mich damit schlagen wollte. Die eigentlichen Züchtigungen habe ich heute, glaube ich, vergessen, nur die Erinnerung an die Angst ist geblieben.»

Ihre Mutter machte sich mitschuldig an dieser Tyrannei, indem sie Lisa vor den irrationalen Attacken ihres Mannes nicht schützte.

Brutales und verbrecherisches Verhalten

Eltern, die ihre Tyrannei bis zum Extrem treiben, lassen sich oft körperliche Kindesmißhandlungen zuschulden kommen – Schläge, Verbrennungen, schwere Vernachlässigung –, die dem Kind physische und seelische Wunden fürs Leben schlagen. Solche Eltern leiden manchmal an Wahnvorstellungen («Gott hat mir aufgetragen, mein Kind zu züchtigen»); manchmal sind es aggressive Soziopathen, die ihre Wünsche und Frustrationen nur dadurch mitteilen können, daß sie das Kind prügeln; manchmal handelt es sich um religiöse Fanatiker oder einfach um Menschen, die selbst so schwer gestört sind, daß sie ihr gewalttätiges Verhalten nicht unter Kontrolle haben.

Darlene war Prostituierte, und für dieses Leben war sie programmiert worden durch die maßlosen und versklavenden Forderungen ihrer Mutter. Als Darlene klein war, mußte sie als Vertraute ihrer Mutter fungieren, die ihr perverse Geschichten aus ihrem Sexualleben erzählte. Ihr Stiefvater mißbrauchte sie sexuell. Mit fünfzehn lief Darlene von zu Hause fort und wurde Prostituierte. Als sie wieder mit der Mutter in Kontakt kam, bettelte die Mutter sie um Geld an, das Darlene ihr dann auch schickte. Von nun an glaubte sie, nicht mehr mit der Prostitution aufhören zu können, selbst wenn sie wollte, denn die Geldforderungen der Mutter nahmen kein Ende mehr. Obwohl sie wußte, wie Darlene ihr Geld verdiente, fuhr die Mutter fort, die natürliche Hilfsbereitschaft ihres Kindes auszubeuten.

Selbst wenn das Verhalten nicht so extrem ist, behandelt der Tyrann oft sein Kind sadistisch, hänselt es und beschimpft es dann dafür, daß es die bösartigen Bemerkungen nicht verkraften kann. Obwohl sich die Grausamkeit dabei häufig in Form von Neckereien oder beiläufig hingeworfenen Sticheleien äußert, verstehen Kinder meist sehr gut, daß sich darin unbewußte Ablehnung durch die Eltern spiegelt. *Andreas* Vater pflegte seinen Kindern zu sagen: «Ich hätte besser Schweine züchten sollen als euch.» Und eine Mutter, die ich kannte, sagte ihrer Tochter: «Martha, was möchtest du denn zu Weihnachten – oh, da fällt mir ein, ich kann mir dieses Jahr ja gar kein Geschenk für dich leisten. Vielleicht nächstes Jahr.» Die Mutter rief an Feiertagen nie Martha an, sondern immer Marthas Schwester. Wenn Martha dann irgendwann selbst anrief, pflegte die Mutter beiläufig zu erzählen, sie habe gerade mit Marthas Schwester gesprochen. In ähnlich gefühlloser Art gab *Stuarts* Mutter ihrem Sohn einmal einen Ratschlag und fügte hinzu: «Du bist eigentlich alt genug und häßlich genug, um das selber zu wissen.» Als Stuart fragte, warum sie das gesagt habe, antwortete sie: «Weiß ich nicht. Meine Mutter hat das auch immer zu mir gesagt.»

Viele Eltern verkennen, wie wichtig es ist, dem Kind dazu zu verhelfen, daß es sein Aussehen akzeptiert, sich in seiner Haut wohlfühlt. Spöttelt man über das Äußere des Kindes oder weigert man sich, Entstellungen zu korrigieren – ein Kind mit extrem schiefen Zähnen bekommt keine Zahnspangen –, dann negiert man die Bedeutung der kosmetischen Seite des Lebens und schafft dem Kind ein Handicap bei seiner sozialen Entwicklung.

Zur Vorbereitung auf eine «Sweet sixteen»-Party ließ sich *Karen* ausnahmsweise einmal in einem Schönheitssalon behandeln und kam begeistert zurück, worauf ihr Vater über ihre neue Frisur herzog. Karen fühlte, daß er es nicht ertragen konnte, sie hübsch zurechtgemacht zu sehen, und daß ihm nur so lange wohl war, wie sie bieder aussah. Durch ihre Attraktivität für andere Männer fühlte er sich bedroht und konnte sie als werdende Frau nicht anerkennen. Dadurch hatte sie selbst große Schwierigkeiten, ihre Geschlechtlichkeit zu akzeptieren. Sie nahm stark an Gewicht zu und kam sich jahrelang unattraktiv vor.

Unflexibilität und Doppelmoral

Tyrannische Eltern können unflexibel oder heuchlerisch sein, beispielsweise von ihren Kindern erwarten, alles richtig zu machen, sich selbst aber durchaus das Recht auf Fehler zugestehen.

Ein Vater, der ein zweieinhalbjähriges Töchterlein hatte, neigte zu Jähzorn. Nach einem Sommersturm, der alle Erbsen in seinem Garten zerstört hatte, ging er mit der Tochter in den Garten und begann Zeter und Mordio über die Erbsen zu schreien. Nach ein paar Minuten hörte er, wie seine Tochter es ihm nachtat und genau im gleichen Ton schimpfte. Er war schockiert und schrie sie an, ohne zu merken, daß das Kind so gehandelt hatte, weil es sich bedroht fühlte. Die Kleine hatte geglaubt, einen Wahnsinnigen zum Vater zu haben, und hatte ihn einfach nachgeahmt. In gewissem Sinn spielte sie, noch keine drei Jahre alt, bereits eine Therapeutenrolle für den Vater und hielt ihm den Spiegel vor, d. h. spielte ihm sein unreifes Verhalten vor.

Heuchlerische Eltern können einer Doppelmoral Vorschub leisten. Wer die Sexualität seines Kindes außer Haus stillschweigend akzeptiert, aber in Wut gerät, wenn die Tochter einen

Freund nach Hause mitbringt und dort mit ihm im selben Zimmer übernachten will, der will oft nur vor Freunden und Nachbarn den guten Schein wahren. Solche Heuchelei wird oft motiviert durch ein Unvermögen der Eltern, die sich entwickelnde Geschlechtlichkeit ihres Kindes zu akzeptieren.

David erkannte, daß sein Vater deshalb so starr und hart mit seinen Kindern umsprang, weil er selbst unsicher war und fürchtete, von den Kindern abgelehnt zu werden. Er dachte, sie würden ihn verwerfen, wenn er nicht streng wäre. Wie viele Tyrannen, setzte Davids Vater Flexibilität mit Schwäche gleich. In Wirklichkeit ist die Fähigkeit, flexibel zu sein, eine Stärke.

Folgen elterlicher Tyrannei

Das Kind, das unter einem elterlichen Tyrannen aufwächst, wird aus den seelischen – und körperlichen – Schlachten fast immer tiefe Narben davontragen. Manche Kinder führen den Familienfluch fort und tyrannisieren später die eigenen Kinder. Andere werden ewig nach unerreichbarer Liebe und Zuneigung bei grausamen, manipulativen Leuten suchen, die dem Elterntyrannen ähneln.

Normalerweise wird sich das Kind durch seine Zusammenstöße mit dem Tyrannen geschwächt fühlen. *Kent* fühlte sich immer kraftlos in Anwesenheit des Vaters, der ein guter materieller, aber ein schlechter seelischer Versorger war. Kent stellte fest, daß er es haßte, seinen Vater telefonisch anzurufen. Er machte die Beobachtung, daß der Vater *ihn* nie anrief, und wenn Kent anrief, tat er so, als höre er nicht einmal zu. Kent erkannte, daß seine tiefe Unsicherheit in Beziehungen aus der Angst herrührte, Menschen wollten nicht mit ihm zusammensein. Sein Vater hatte diese Reaktion ausgelöst – durch seine Feindseligkeit gegen Kent.

Lisa merkte, daß sie dazu neigte, sich mit Männern einzulassen, die sie behandelten, wie ihr Vater sie behandelt hatte. Sie waren krittelig und eisig, stießen sie zurück oder terrorisierten sie, hemmten ihre emotionalen und physischen Freuden. Sie hatte ein zwanghaftes Bedürfnis, um die Zuneigung solcher Männer zu buhlen, und je stärker sie von ihnen zurückgestoßen wurde, desto enger suchte sie die Beziehung zu ihnen zu knüpfen.

Oft rebelliert ein Kind gegen die Tyrannei der Eltern, indem es gerade das tut, was am meisten verboten ist. Wird es promiskuitiv, so kann das auf die heftige Ablehnung der Sexualität durch die Eltern zurückverweisen. Rebellionen dieser Art sind aber oft selbstdestruktiv. Nachdem *Bonnie* ihres Vaters Haus verlassen hatte, um endlich als Mensch mündig zu werden, beschloß sie, einen Mann zu heiraten, mit dem ihre Eltern nicht einverstanden waren. Sie liebte ihn eigentlich nicht und kam allmählich zu der Erkenntnis, daß ihre selbstzerstörerische Ehe mit dem falschen Partner eine Antwort auf das Beispiel ihres Vaters darstellte. Ihr Vater war der launische Tyrann gewesen, die Mutter seine Sklavin, die ihm alles von den Augen ablas. Dies programmierte bei den übrigen Familienmitgliedern einschlägige Reaktionen. Aber Bonnie war trotz ihres Aufbegehrens in diese Falle gegangen – verheiratet mit einem Mann, den sie nicht mochte, von dem sie sich aber auch nicht scheiden lassen wollte; ohne Mut, sich eine sinnvolle Beschäftigung zu suchen, aus Angst, ihr Mann könnte sich dadurch bedroht fühlen.

Zwar erkennt ein Tyrann oft seine Tyrannei, ist aber häufig schlicht außerstande, sie unter Kontrolle zu bekommen. Zu allererst sollte der Tyrann das Kontraproduktive seiner Haltung im Familiensystem erkennen. Er kann – oft mit fachlicher Beratungshilfe – lernen, seine Familienmitglieder als Menschen zu behandeln, die Achtung verdienen, und kann dann Schritt für Schritt sein terroristisches Wesen modifizieren, das, wenn ihm keine Zügel angelegt werden, sich als Familienfluch mit absolut verheerenden Folgen erweisen kann.

Der Familienfluch als Erbe

Geldfragen

Die Realität des Geldes

Für den Durchschnittsmenschen in unserer Gesellschaft ist Geld eine Notwendigkeit, sein Erwerb wichtig. Die Einstellung, die ein Kind zum Geld entwickelt, kann tiefgreifend in andere Bereiche seines Lebens hineinwirken. Die alten Griechen wußten das: Das Nichtvorhandensein von Geld brachten sie mit Krankheit in Zusammenhang, das Vorhandensein von Geld mit Heilung.

Heute zeigen viele Kinder ein ausgeprägtes Wohlstandsstreben und wünschen sich sozialen Aufstieg, um in den Genuß all dessen zu kommen, was angeblich nur mit Geld zu kaufen ist. Eltern müssen ihre Kinder ermutigen, ein realistisches Verhältnis zu Gelddingen zu entwickeln.

Eine weitverbreitete, in der westlichen Welt von Generation zu Generation weitervererbte Vorstellung besagt, daß Wohlstand den Charakter verderbe und zur Verleugnung des Geistigen führe. Jedermann kennt den Spruch: *Geld ist die Wurzel allen Übels.* Er stammt aus der Bibel und lautet dort etwas anders:

«Denn die reich werden wollen, die fallen in Versuchung und Verstrickung und in viele törichte und schädliche Begierden, welche die Menschen versinken lassen in Verderben und Verdammnis. Denn Geldgier ist eine Wurzel alles Übels; danach hat einige gelüstet, und sie sind vom Glauben abgeirrt und machen sich selbst viel Schmerzen» (1. Timotheus 6,9-10).

Das puritanische Arbeitsethos kennt nur harte Arbeit und Entsagung. Es gebietet, daß man im Schweiße seines Angesichts sein Brot verdient und daß es keine Abkürzung, keinen leichten Weg zum Wohlstand geben darf. Schuldenmachen ist verpönt, ebenso Müßigang (... aller Laster Anfang). Diese Maximen werden gewöhnlich von den Eltern an die Kinder weitergegeben. Doch in unserer Gesellschaft ist das vielfach keine realistische Haltung mehr.

Seine Kreditwürdigkeit unterschätzen heißt seine Aktiva unterschätzen. Wer das nicht versteht, der nimmt eine neurotische Haltung dem Geld gegenüber ein und verurteilt sich dazu, unterhalb seiner Möglichkeiten zu leben. Zur Kunst des Umgangs mit dem Geld gehört auch die Kunst zu wissen, wie und wann man sich verschuldet, und das Wissen darum, aus geliehenem Geld das Beste zu machen. Wie Benjamin Franklin sagte: «Geld kann Geld zeugen.» Viele Menschen – herausragendes Beispiel war Thomas Jefferson – führen ein fruchtbares, kreatives Leben, ohne viel bares Geld zur Hand zu haben. Jefferson war oft verschuldet, lebte aber sein volles Potential aus. Dies verstößt zwar gegen das Ethos, das besagt: Immer erst ansparen, nie borgen. Wer aber nur anspart, wer nie mit seinem Geld oder mit seiner Sicherheit Risiken eingeht, wer Beschäftigung mit Gelddingen als schlecht, anrüchig oder gar unheimlich empfindet, der wird im Umgang mit Geld erfolglos bleiben und wird seinen Kindern keine gesunde, kreative Haltung zum Geld vererben.

Familienneurosen haben ihre Wurzel oft in einem unverantwortlichen Umgang mit dem Familienvermögen. Ein einundachtzigjähriger Millionär zum Beispiel heiratete, nachdem seine erste Frau gestorben war, eine Glücksritterin. Als er wenige Jahre später starb, ging sein Geld komplett an seine zweite Frau. Daran zerbrach das ganze Familiensystem. Auch in anderer Art kann sich elterliche Verantwortungslosigkeit äußern. Ich kannte einen Mann, der einen Defekt an seinem Rolls Royce hatte und ihn daraufhin einfach der Werkstatt schenkte. Derselbe Mann besaß auch eines der wenigen verbliebenen Privatschlösser in England, und die Betreiberkosten entmutigten ihn derart, daß er das Schloß weit unter Marktwert losschlug, ohne an die Interessen seiner Erben zu denken. Eltern, die nach Las Vegas fliegen und dort beim Craps-Spiel «Hunderttausend verjubeln», verhalten sich ebenso unverantwortlich. Diese Eltern erkennen nicht, daß ihr Vermögen einen festen Bestandteil des Familiensystems bildet und nicht verschleudert werden darf.

Andererseits sollte Familienvermögen aber auch nicht auf Kosten des Familiensystems gehortet werden. Ein Vater, den ich kannte, weigerte sich, irgend etwas von dem Geld, das er geerbt hatte, für die College-Ausbildung seiner Kinder zu verwenden, denn er selbst hatte als Junge gelernt, daß ererbtes Geld unangetastet an die nächste Generation weitergehen muß; nichts darf vom Kapital (und möglichst auch nichts von den Zinsen) fürs Familiensystem abgezweigt werden.

Kinder von Millionären haben oft die Last des Reichtums ihrer Eltern zu tragen. Bewußt oder unbewußt betrachten die Eltern den eigenen Erwerb des Geldes möglicherweise als dubios; so vererben sie das Geld zwar weiter, gleichzeitig aber auch eine ambivalente, widersprüchliche Haltung dazu. Einige der zerstörerischen Neigungen von Kindern aus reichen Familien mögen aus dieser unbewußten Identifikation herrühren. Die Kinder müssen sich mit der Frage des Gelderwerbs auseinandersetzen, auch wenn sie nie etwas verdienen mußten.

Verfehlter Umgang mit dem Geld kann der kindlichen Entwicklung schädlich sein. Ein Junge namens *John* war schüchtern und introvertiert. Er brauchte einen Anstoß, aber der kam nie. Es fehlte ihm an Energie, um Geld auch nur zu bitten. Er wußte, daß sein Vater welches hatte, und er wußte, daß er ihm nichts geben würde. Johns Vater war Millionär, und John blieb bis ins fünfzigste Lebensjahr ein Nichtstuer. Dann kam sein Erbe. Aber dann war es zu spät.

Probleme dieser Art entstehen aus dem Fehlen einer vernünftigen Einstellung zur Notwendigkeit des Gelderwerbs in unserer

Gesellschaft. Zu den Leitgedanken, die Eltern in Sachen Geld an ihre Kinder weitergeben sollten, rechne ich vor allem die folgenden: Erstens wird Geld nie bedingungslos verschenkt; alles hat seinen Preis. Verlaß dich – zweitens – nie auf ererbtes Geld, sondern stelle dich, wenn irgend möglich, auf eigene Füße. Dazu ist oft Flexibilität nötig (zum Beispiel die Bereitschaft, geographisch mobil zu sein).

Das findige Kind

Dem Kind muß eine realistische Sicht der «Notwendigkeit Geld» in unserer Gesellschaft anerzogen werden, und man muß ihm dann helfen, all seine Kräfte zu bündeln, um seine Ziele zu erreichen. Mangel an Geld wird oft mit Mangel an Flexibilität im Leben in Verbindung gebracht; es kann die geographische Beweglichkeit einschränken und auch eine Art seelischer Lähmung hervorrufen. Aber das findige Kind ist sich der Machtverhältnisse auf der Welt bewußt und lernt, darin zu arbeiten. Es hat einen Blick für seine Chancen. Der Schlüssel zum Erfolg auf dieser Welt liegt teilweise darin, die Regeln zu kennen, nach denen man handeln muß. Der Kriminelle hinterzieht Steuern; der Findige findet steuerliche Absetzmöglichkeiten. Einfallsreiche Leute kennen die formalen Gesetze ihrer Gesellschaft; auch für die ungeschriebenen kulturellen Gegebenheiten sind sie sensibel.

Den schöpferischen Einfall ermutigen

Nach Zufallschancen Ausschau zu halten, kann einem helfen, sein Potential im Leben zu verwirklichen. Es ist wichtig, daß Kinder eine Art «Eine Hand wäscht die andere»-Fairneß im Familiensystem kennenlernen. Von den meisten Kindern wird erwartet, daß sie im Haus mithelfen, als Teil ihres Beitrags zum

System. Bei Sonderaufgaben aber sollten sie ermutigt werden, um den Wert ihrer Dienste «Tarifverhandlungen» zu führen.

Wie kann man in einem Kind kreative Talente wecken? Wenn diese sich irgendwo im Verhalten des Kindes zeigen – etwa bei seinen kreativen Problemlösungen, in seinem Sinn für Humor, in seinen Geschichten –, dann kann man sie erkennen und bewußt fördern. Eltern können das Kind in diesem elementaren Persönlichkeitsbezug bestärken.

Geschenke sind wichtig

Geschenke sind wichtig. Wenn der Austausch von Geschenken unfair oder ungleichgewichtig vor sich geht, wird die natürliche Balance zwischen Geld und Macht gestört. Das Beschenken ist oft ein Problembereich zwischen Eltern und Kind. *Roberta* war immer wieder einem elterlichen Manöver unterworfen, bei dem Schenken oder Nichtschenken der Vermittlung einer bestimmten Botschaft an das Kind diente. Als Roberta das Weihnachtsfest mit ihrem neuen Mann statt mit ihrer Mutter verbrachte, tat die Mutter so, als freue sie sich darüber. Bei der traditionellen Weihnachtsbescherung jedoch ging Roberta leer aus. Es sollte die Botschaft vermittelt werden: Bemitleide deine arme einsame Mutter. Statt dessen fühlte Roberta sich durch den Egoismus ihre Mutter manipuliert.

Manche Eltern legen offen die Hand auf Geld, das den Kindern gehört. Erstmals richtig aufgefallen ist mir dieses Verhaltensmuster bei *Jeff*, der mir erzählte, seine Eltern hätten alles Geld einbehalten, das ihm zur Bar-Mizwa geschenkt worden sei. Und später habe er festgestellt, daß sein Vater auch alles Geld einbehalten habe, das Jeffs Großvater für ihn gespart hatte – Mittel, die ausdrücklich für Jeffs College-Ausbildung bestimmt waren. Manche Eltern machen Sparbücher oder Wertpapiere des Kindes (über die sie ein Mitverfügungsrecht haben) zu Geld, ohne das Kind zu fragen; dabei handelt es sich häufig um Sparanlagen, aus denen eigentlich die Ausbildung des Kindes finanziert werden sollte.

Jackie erlebte einen Schock dieser Art, als sie hinter die Finanzierung eines Geschenks kam, das sie bekommen hatte. Ihr Vater sagte ihr eines Tages, er habe ihr ein Auto gekauft. Zunächst war sie ein bißchen verärgert, weil sie ganz gern in die Entscheidung hätte einbezogen werden wollen. Aber dann dachte sie sich: Es ist doch ein großzügiges Geschenk, also nimmst du es dankbar an. Später erfuhr sie zu ihrer Verblüffung, daß der Wagen mit dem Geld erworben war, das ihr selbst gehörte und ihr von der Großmutter vermacht worden war. Jackies Ärger über diesen Betrug kam in einem Traum zum Ausdruck:

Meine Schwester und ich steigen in meinen Wagen (einen VW-Käfer), und ich versuche, aus dem Parkplatz, der hinter meinem alten Haus liegt, herauszusetzen ... aber mehrere Autos blockieren die Ausfahrt, darunter vor allem der Wagen meines Vaters – ein glänzend roter Mercedes. Mein Vater kommt zu uns, und ich sage ihm, daß sein Wagen uns den Weg versperrt, aber er behauptet immer wieder, es sei genug Platz, daß wir herauskönnten.

Der Vater in Jackies Traum war sich nicht bewußt, daß er seine Tochter blockierte. Anmaßende Eltern merken oft nicht, daß sie die Entwicklung ihres Kindes hemmen. In dem Traum symbolisiert Jackies Auto gewissermaßen ihre Bewegungsfreiheit in der Welt – ihren Führerschein. Ihres Vaters Bevormundung aber verlegt ihr den Weg.

Im Familiensystem wird von den Eltern erwartet, daß sie die Kinder versorgen, und Kinder nehmen es naturgemäß übel, wenn die Eltern einen ungerecht großen Teil des Geldes allein für sich beanspruchen. *Eleanor* ärgerte sich über ihren Vater, der – wie sie wußte – ein Luxusleben führte, aber sie und ihre Mutter wie Bettler behandelte. Er speiste in teuren Restaurants, führte seine Tochter aber höchstens in Schnellimbisse. Sie hielt ihn für knauserig und lieblos und glaubte, daß es ihn einfach wurmte, sein Geld mit ihr teilen zu sollen. Er verlangte von ihr gute

Schulnoten, weigerte sich aber, die Kosten ihrer (sehr preiswerten) Schule mitzutragen. Sie sollte vielmehr selbst in den Ferien jobben, um ihre Ausbildung mitzufinanzieren. Die Folge war, daß Eleanor sich in der Schule nicht mehr anstrengte; sie wurde ein «Underachiever». Indem sie Rache suchte und ihrem knauserigen Vater wehzutun suchte, sabotierte sie sich selbst.

Ein anderer Vater hatte ein riesiges Landgut in Massachusetts, ließ es aber seine erwachsenen Kinder nie benutzen, es sei denn, er selbst war dabei. Da der Vater die meiste Zeit in Colorado lebte, stand das Haus für den größten Teil des Jahres leer. Der Vater behauptete zwar, schwer für die Kinder zu arbeiten, nur hatten die Kinder wenig davon.

Manchmal drehen Eltern sogar die erwartete Rollenverteilung um und rechnen darauf, von den Kindern ernährt zu werden. *Bobs* Mutter zum Beispiel spornte den Sohn an, Ingenieur zu werden, damit er sie im Alter würde versorgen können. Natürlich wollen viele Eltern, daß man sich im Alter um sie kümmert: aber dürfen sie diktieren, wie das Geld für diese Versorgung verdient werden soll?

Vincent mußte Opfer bringen, um seinen Eltern unter die Arme zu greifen – alles wegen eines Zerwürfnisses zwischen seinem Vater und seinem Großvater väterlicherseits, der sich von Vincents Vaters 1000 $ geliehen und sie nie zurückgezahlt hatte. Der Vater machte seine Kinder zu Opfern seines Grolls. In Gelddingen vertraute er niemandem mehr. Er verdiente ein Vielfaches dessen, was seine Frau verdiente, bestand aber auf strikter Gütertrennung. Für Vincents College-Studium zahlte er keinen Pfennig. Er war der Meinung, er könne sein Geld ausgeben, wie es ihm beliebe, ohne Rücksicht auf die Bedürfnisse anderer Mitglieder des Familiensystems. Überhaupt regten ihn Ausgaben jeglicher Art auf, ständig klagte er über das «verdammte Haus, das verdammte Auto, den verdammten Garten». Wie ein klassischer Geizhals war er eigentlich nur dann zufrieden, wenn er sein Geld horten konnte. Die negativen Effekte solchen Verhaltens können über Generationen weiterwirken.

Die Regelung von Erbschaftsfragen kann zum kritischen Problem werden, denn hier bietet sich für Eltern die Gelegenheit, die Hand auf Geldanteile oder Erbteile zu legen, die den Kindern zustehen. *Carlos* erzählte mir, seine Mutter habe immer seinen Vater verspottet, weil er ein so schlechter Brotverdiener sei. Beim Todes des Vaters aber blätterte sie plötzlich 250 000$ auf den Tisch. Dieses Geld hatte sie von seinem Gehalt abgezweigt und versteckt. Der Vater hatte immer gedacht, er verdiene einfach nicht genug, denn das hielt ihm seine Frau ja ständig vor. Carlos' Mutter behauptete nun, das Geld sei ihr rechtmäßiges Eigentum, Resultat klugen Wirtschaftens mit dem Gehalt ihres Mannes; würde sie es nicht einbehalten haben, würde er es ausgegeben haben. Sie machte keine Anstalten, den Kindern oder anderen Mitgliedern der Familie von diesem «Erbe» etwas abzugeben.

Manche Eltern denken nicht an die ganze Familie, wenn sie das Geld ihrer eigenen alternden Eltern verwalten. Als *Lorettas* Großmutter, eine Millionärin, im Sterben lag, wartete jedes der fünf Kinder gespannt auf sein Erbteil. Die Großmutter hatte für ihre Enkel Mündelgelder anlegen wollen, aber ihre Kinder hatten die Mutter beredet, das nicht zu tun. Kurz vor dem Tod ihrer Großmutter hatte Loretta einen Traum, in dem ihre Mutter einige Taschenuhren betrachtete, die ihrer Großmutter gehörten:

Eine ist mit Diamanten besetzt, die Uhrkette ist aber aus einem alten Bindfaden angefertigt. Meine Mutter scheint enttäuscht, daß Oma diese Uhren so abgenutzt hat, und sie scheint aufgebracht zu sein, daß sie sie jetzt aus eigenen Mitteln reparieren lassen muß.

Lorettas Gefühl hinsichtlich des Egoismus ihrer Mutter scheint klar. Ihre Mutter wollte alles für sich selbst. Ihre Botschaft schien zu lauten: «Deine Großeltern gehören mir. Es sind meine Eltern, nicht deine.» Doch Großeltern haben eine legitime Verbindung zu ihren Enkelkindern, und ihr Wunsch, ihnen Vermögen zu hinterlassen, spiegelt gesundes Engagement für das Familiensystem.

Teile des Erbes Außenstehenden zu vermachen, kann ein Angriff auf die Integrität des Familiensystems sein. Ein geschiedener oder verwitweter Mann, der wieder heiratet und dann sein Geld der neuen Gemahlin hinterläßt, ohne seine alte Familie zu bedenken, kann die Familie rechtmäßiger Ansprüche berauben. Eine Mutter beschloß, daß ihre alte Universität das Geld nötiger habe als ihr eigenes Kind; dabei war die Tochter keineswegs reich bedacht und mußte für ihre eigene Ausbildung sogar Kredite aufnehmen.

In früheren Zeiten hat ein älteres Kind oft gearbeitet und auf eigene Karriere- oder Ausbildungsmöglichkeiten verzichtet, um etwa ein jüngeres Kind durchs College zu bringen. Oder ein Kind – meist der älteste Sohn – wurde zum Alleinerben von Geld und Land auserkoren. Das ist heute kaum noch der Fall; trotzdem wachsen viele Kinder mit dem Gefühl auf, daß das Familienvermögen unfair verteilt worden ist. Geld – wie alle andere Energie, die von Eltern kommt – muß gerecht unter allen Geschwistern verteilt werden, unter fairer Berücksichtigung der finanziellen Situation der Eltern.

Auf Kosten der anderen Kinder einem einzigen zu viel zukommen zu lassen, ist unfair. *Chuck* beispielsweise studierte, während sein Bruder in das Familiengeschäft eintrat. Dann beschloß Chucks Bruder jedoch, sich selbständig zu machen. Das Startkapital lieferte der Vater. Der Vater gab Chucks Bruder ein Anfangsdarlehen von 100 000 $, später ein weiteres Darlehen von 50 000 $. Dann starb der Vater und hinterließ alles seiner Frau. Ein Kind endete also mit 150 000 $, das andere mit einem Bakkalaureus-Grad: eine Situation, die Eifersucht und Spannung erzeugte.

Auch in kleinerem Rahmen kommt ungleiche Behandlung vor. *Jerry* beispielsweise fühlt sich gegenüber seiner Schwester zurückgesetzt. Sie wurde besser eingekleidet als er, auch brauchte sie ihr Collegestudium nicht durch eigene Arbeit mitzufinanzieren, wie er es mußte. In einem anderen Fall kam ein Kind nach einer Ehescheidung in eine böse Lage: Die Mutter sollte für den Sohn sorgen und der Vater für die drei Töchter. Die Mutter wurde jedoch krank und versorgungsunfähig. Der Vater hielt sich strikt an die Scheidungsvereinbarungen und rührte keine Hand, um zu helfen, und der Sohn wurde vernachlässigt.

In einem Haus zu leben, das zu billig oder zu teuer ist, kann riskant sein. Man muß sich dabei fragen: Was nützt der Familie insgesamt am meisten? Ein Lehrer sagte mir einmal: «Die gesunde Art zu leben ist: beim Haus über den Verhältnissen, dafür beim Auto unter den Verhältnissen.» Das «Cadillac-Syndrom» – bei dem die Eltern Geld für Luxusautos und andere narzißtisch befriedigende Konsumgüter ausgeben, aber an der Behausung sparen – ist den Kindern gegenüber unfair. Doch auch das umgekehrte Verhalten kann es sein.

Mike bewohnte mit seiner Frau ein schönes Haus in einem gutbürgerlichen Vorort von Chicago, pflegte das Haus aber nicht. Neben den gepflegten Häusern der Nachbarschaft sah Mikes Haus richtig heruntergekommen aus. Er und seine Frau hatten Möbel im Werte von vielen tausend Dollar, Orientteppiche, Gemälde und andere teure Einrichtungsgegenstände, aber nichts paßte richtig zusammen. Das Haus wirkte wie das Hinterzimmer eines Antiquitätengeschäfts. Mike rechtfertigte das damit, daß er dort ja nur wohnen wolle, bis seine Kinder die High School durchlaufen hätten. Diese Denkweise zwang jedoch die Kinder, in einem verschlampt-peinlichen Domizil zu leben.

Ich bin ja so arm

Eltern haben ihre eigenen Prioritäten, und sie mögen es für leichter halten, den Kindern zu sagen, es sei für diesen und jenen Wunsch kein Geld mehr da, als ihre Geldausgabepolitik zu erklären und zu rechtfertigen. Mit einem Manöver, das ich «Auf arm machen» nenne, suchen manipulative Eltern dem Kind einzureden, daß sie kein Geld haben, und glauben, es lasse sich täuschen. Da Kinder dazu neigen, sich mit dem Unbewußten ihrer Eltern zu identifizieren, klappt das jedoch meistens nicht. Das Kind wird verwirrt und hat am Ende das Gefühl: Meine Eltern spielen arme Leute, sind es aber nicht. Es wird mißtrauisch werden, wenn der Vater 150 000 $ im Jahr verdient, aber dem Kind nie etwas kauft, nie das Haus streichen läßt, selten mal zum Essen in ein Restaurant geht.

Bernice erzählte mir, daß sie und ihr Mann vor den Kindern oft darüber geklagt hätten, wie wenig Geld sie besäßen. Eines Samstags, als sie einige lange erwartete Stühle für ihre Küche kauften, fragte der Sohn: «Mutti, woher kriegst du eigentlich das viele Geld?» Es kann sein, daß die Eltern es für sinnvoll halten, eine Zeitlang mal zu sparen und das verbeulte Auto noch eine Weile zu behalten und den Hausanstrich zu verschieben. Dies jedoch kann Kindern peinlich sein, und sie durchschauen manchmal die vorgeschobenen Gründe und sagen den Eltern, daß sie sie für fadenscheinig halten.

Der einsiedlerische Vater eines Mädchens bosselte in seiner Freizeit gern im Haus herum und fuhr mit seiner Familie nie in die Ferien. Es war schwierig für dieses Mädchen, Verständnis für das ungewöhnliche Verhalten ihres Vaters aufzubringen, wenn sie ihre Lage mit der Situation ihrer Freundinnen verglich, die oft in Urlaub fuhren.

Andere Spielarten des «Auf-arm-Machens» haben für Kinder ungleich schlimmere Folgen. *Hughs* Eltern sagten, sie hätten nicht genug Geld, um ihn im Sommer in ein privates Ferienlager zu schicken, und sandten ihn daher nach Absprache mit dem Gemeindepastor in ein kirchliches Lager, ohne dafür zahlen zu müssen, wofür Hugh dort allerdings auch noch einen Pförtnerposten übernehmen mußte. Hugh fühlte sich durch dieses Arrangement betrogen, besonders als nach dem Tod seines Vaters klar wurde, daß die Eltern durchaus vermögend gewesen waren.

Eltern, die darauf pochen, arm zu sein, wollen unter Umständen für die Art und Weise, wie sie ihr Geld ausgeben, einfach keine Verantwortung übernehmen. *Russels* Eltern kauften dauernd Sonderangebote, Discount-Kleider und billiges Spielzeug, obwohl sie das Geld hatten, dem Kind Besseres zu geben. Manche Eltern schieben ihr finanzielles Mißmanagement auf die Kinder ab – mit den Sprüchen wie: «Du ruinierst mich» und «Glaubst du, ich bin ein Goldesel?» *Thomas'* Vater zeigte auf die Bitten seiner Kinder um Taschengeld oder Kleidung eine andere Reaktion. Er wurde dann immer rot im Gesicht, riß die Brieftasche heraus und schleuderte sie den Kindern vor die Füße mit den Worten: «Da, nehmt's – was anderes wollt ihr ja nicht.»

Schenken und Tauschgeschäfte

Das demokratische Familiensystem baut auf eine einigermaßen gerechte Machtverteilung innerhalb des Systems, und Eltern, denen es widerstrebt, Macht abzugeben, können versucht sein, Geld als Manipulationsmittel einzusetzen. Eine meiner Patientinnen sagte über ihre Mutter: «Mit ihrem Geld hatte sie ein mächtiges Schwert in der Hand.» Eltern müssen sich fragen, was sie an das Kind weitergeben, wenn sie ihm Geld geben oder ihm Sachen kaufen. Sie sollten sich nämlich bewußt sein, daß sie nicht nur Geld übergeben, sondern auch ihre Phantasie, was Geld für sie ist. Wie das geschieht, sollte ein Symbol sein für Fürsorge und Liebe und nicht ein Werkzeug, um manipulativ auf das kindliche Verhalten einzuwirken, das Kind zur Erfüllung elterlicher Erwartungen zu zwingen oder es zu einem Wesen zu machen, das es nicht ist.

Geld kann ein Kind durchaus motivieren. Als Gratifikation oder Geschenk, womit bestimmte Leistungen belohnt werden, kann es auf positive Weise anspornen und den Anpassungsprozeß unterstützen. Die gleichzeitig übermittelte Phantasie kann beispielsweise eine des Vertrauens sein. Ein Mann, den ich kenne, sagte: «Ich verstehe nicht, warum ich bei meinen Kindern so streng mit Geld bin, wo doch mein eigener Vater mir immer einfach etwas in die Hand gedrückt hat und gesagt hat: ‹Ich vertraue darauf, daß du es klug ausgibst. Sag mir, wieviel du brauchst.›»

Es gibt auch die berühmten «Tauschgeschäfte»: «Du kriegst Geld, Geschenke, Reisen, Liebe, wenn du in der Schule fleißig bist, dich gut beträgst und dich insgesamt gut machst.» Das Kind wird belohnt, wenn es sein Potential ausschöpft; diese Erziehungspraxis folgt behavioristischen Theorien. Sie kann jedoch gefährlich werden, wenn Eltern das Potential des Kindes falsch einschätzen und es dann unter Umständen motivieren, auf die verkehrten Ziele hinzuarbeiten.

Eltern, die Geld als Ansporn verwenden, müssen äußerst vorsichtig sein, um das Kind nicht unangemessen zu manipulieren. Geld ist «beredt», und man muß darauf achten, welche Botschaft es dem Kind übermittelt, damit nicht Schuldgefühle weitergegeben werden, wenn die Phantasievorstellung der Eltern etwa lautet: «Nimm es, du undankbares Balg! Ich könnte bankrott gehen mit den Ausgaben für dich, und du würdest dich keinen Pfifferling darum scheren.» Viele Eltern glauben: Solange ich das Geld in der Hand habe, habe ich das Kind in der Hand. Prinzipiell sind Eltern in der Lage, von den finanziell abhängigen Kindern Liebe zu kaufen oder ihnen Gehorsam und Gunsterweisungen abzupressen.

Caras Vater erklärte, er werde auf keinen Fall die Ausbildungskosten für seine Tochter tragen, wenn sie Schauspielerin würde. Er wollte, daß sie Kosmetikerin lernte, das letzte, was Cara im Sinn hatte. Er rühmte sich seiner Großzügigkeit, schenkte ihr Autos und Europareisen – wählte aber die Geschenke immer so, daß er Caras Handeln damit steuern konnte.

Rachel erzählte folgende Geschichte über die Versuche ihres Vaters, sie zu manipulieren: «Als ich fünfzehn war, fragte ich ihn, ob er mein Studium bezahlen würde. Er erwiderte, ja, aber nur dann, wenn ich Medizin oder Krankenpflege oder etwas Vergleichbares studierte. Ich schlug sein Angebot aus, denn das war einfach nicht mein Fach. Ich wollte Schriftstellerin werden. Darauf enterbte er mich.» Später versuchte er seine Tochter sexuell zu mißbrauchen.

Als *Thomas* einmal finanzielle Schwierigkeiten hatte, bot ihm sein Vater wiederholt an: Du kannst freie Kost und Logis haben, wenn du zu uns zurückziehst. Als Thomas das nicht wollte, konterte der Vater aber nicht mit einem finanziellen Hilfsangebot. Mit anderen Worten: Thomas sollte nur geholfen werden, wenn er sich bereit erklärte, wieder an des Vaters Tisch zu essen (unter seinem Dach zu leben und sich seiner Dominanz zu unterwerfen). Wenn nicht, stand er allein auf weiter Flur. Viele Eltern praktizieren diese «Aus den Augen, aus dem Sinn»-Haltung und wollen Elternverantwortung nur tragen, wenn das Kind zu Hause bleibt, unter ihrem wachsamen Auge.

US-Präsident Woodrow Wilson hatte unter der ökonomischen Knute seines Vaters zu leiden. In der psychologischen Wilson-Studie von Freud und Bullit heißt es, er sei neunundzwanzig Jahre «in absoluter wirtschaftlicher Abhängigkeit» gehalten worden und habe nie versucht, aus der Einflußsphäre des übermächtigen Vaters auszubrechen. Seine unterdrückte Wut sei jedoch später in Feindseligkeiten und Angriffen auf Männer, die er als Vaterfiguren sah, zum Ausbruch gekommen.

Als Knute setzte auch *Daniels* Mutter ihre wirtschaftliche Macht ein. Sie mochte Daniels Frau Mary nicht; Mary störte die inzestuös gefärbte Beziehung der Mutter zum Sohn. Ein paar Monate vor Weihnachten schrieb die Mutter dem Sohn einen unschuldig klingenden Brief: «Ich hätte es so gern, wenn ihr Weihnachten kämet, aber wie du weißt, ist das Fahrgeld so teuer, deshalb kann ich euch nur ein einziges Ticket bezahlen. Herzlichen Gruß, Mutti.» Auch *Marias* Eltern suchten einen Keil zwischen die Tochter und ihren Partner zu treiben. Immer, wenn die Eltern zu Besuch kamen, ging die Mutter mit Maria aus und kaufte ihre teure Kleidung, so daß Maria wie eine Prinzessin angezogen war, ihr Mann wie ein Bettler. Und ein junger Mann, der von seinen Eltern als Student einen festen Unterhaltszuschuß bekam, erzählte mir: Als er sich mit einer Frau anfreundete, die seinen Eltern nicht gefiel, kürzten sie ihm den Zuschuß um die Hälfte.

Manche Eltern arbeiten bewußt darauf hin, das Kind vom mächtigen Vater und der mächtigen Mutter abhängig zu machen, und Geld wird dazu als Mittel eingesetzt. *Martins* Eltern machten ihrem Sohn ständig Geldgeschenke, aber mit einem «Haken». Sie schenkten ihm eine Krankenversicherung, damit sie nichts zahlen mußten, falls er in eine psychiatrische Klinik mußte. Sie schenkten ihm ein altes reparaturbedürftiges Auto; der Vater erwartete, daß Martin es reparierte und dann (dankbar) den Vater immer damit fahren ließ, wenn dieser das wollte.

Das Verhältnis dieses Sohnes zu den Eltern war stark von Ausbeutung bestimmt. Die Eltern wollten ihn zum Sklaven abrichten. Man erwartete, daß Martin das Mietshaus verwaltete, das den Eltern gehörte (dreißig Mietwohnungen), und zwar gegen eine niedrigere Entlohnung, als man einer Fremdkraft hätte zahlen müssen. Auch Hausmeisterpflichten sollte er übernehmen: Gebäudereinigung, Anstreichen, Schneeschippen, allgemeine Handwerkertätigkeiten. Die Eltern rechtfertigten diese Ausbeutung, indem sie sagten, Martin pflege damit ja nur sein künftiges Erbe. Gleichwohl blieb das gesamte Vermögen auf seines Vaters Namen geschrieben.

Abes Vater beutete seinen Sohn aus, indem er sich bereit erklärte, Abes Therapie zu bezahlen, und dann die Zahlung zurückhielt. Er ließ Abe monatelang um das Geld betteln, hielt ihn immer wieder hin und benahm sich, als wollte Abe ihn betrügen. «Ich kann's dir noch nicht geben. Es ist in meinen Augen nicht in Ordnung», pflegte er zu sagen. Fragte ihn Abe, was er damit meine, antwortete er nicht. Abe sagte: «Ich dachte mir dann, daß ich den größten Teil des Honorars für meine Analyse vielleicht auch selbst aufbringen könnte, aber was mich störte, war, daß wir darüber keine Kommunikation zustande brachten. Mein Vater ist in Gelddingen sehr clever und ist ziemlich reich geworden. Er wird dieses Wissen wohl nicht weitergeben.»

Damit nicht genug: Als Testamentsvollstrecker für Abes Onkel verwaltete der Vater Geld, das Abe von seinem Onkel vermacht worden war. Aus diesem Erbe, nicht aus eigener Tasche, zahlte er am Ende die versprochenen Therapiekosten. So «schenkte» der Vater dem Kind Geld, das diesem bereits gehörte. Abes Vater behauptete immer, die Opfer, die er für sein hartverdientes Geld gebracht habe, habe er zum Wohle der Kinder gebracht, aber er gab ihnen nie die Verfügungsgewalt über ihr Geld.

Andere Eltern behalten ihre Kinder dadurch in der Hand, daß sie ihnen Geld leihen. Eltern sollten die Wohltäter ihrer Kinder sein, nicht ihre Bankiers. Wenn Eltern einem Kind helfen wollen, das Geld braucht, und sie das Geld haben, dann sollten sie es dem Kind schenken, nicht leihen. Wenn sie das Geld nicht haben, sollten sie mit dem Kind einen Gemeinschaftskredit aufzunehmen versuchen. Das Problem besteht darin, daß ein Eltern-Kinder-Gläubigerverhältnis Gift für die Familienbeziehung ist. Beim Geld hört die Freundschaft auf, wie schon Benjamin Franklin wußte – er hat einmal gesagt, wer Freunden Geld borgt, verliert am Ende beides, das Geld und die Freunde. Ein Kind wird gegen seine Eltern Ressentiments entwickeln, wenn es ihnen Geld schuldet. Ein junger Mann, dessen Vater ihm ein Darlehen gab, sagte, er fühle sich deshalb schrecklich; es beflecke seine Unabhängigkeit und halte ihn in Leibeigenschaft des Vaters. Eine recht verbreitete Reaktion. Auch *William* zeigte sie. Nach seinem College-Examen richteten die Eltern für ihn ein Verrechnungskonto ein. Er verschuldete sich immer mehr bei ihnen, und dies schuf bei ihm ein immer stärkeres masochistisches Bedürfnis, tiefer in seine Depression hineinzusinken. Seine Eltern konstellierten diese Depression, indem sie ihn in ihrer Schuld hielten.

Joanne hatte immer «soviel Geld, wie sie forderte», aber fordern mußte sie es. Ihre Mutter sagte ihr oft: «Wir geben dir Geld. Das Geringste, das du tun kannst, ist, daß du kommst und uns besuchst.» Hier hatte die Mutter sei jeher die finanziellen Fäden in der Hand. Um solche Einfluß- und Machtspiele zu verhindern, kann man etwa so verfahren, daß das Kind pro Jahr eine feste Summe, einen Pauschalbetrag, zur Verfügung gestellt bekommt. Braucht es nach Meinung der Eltern für das kommende Studienjahr 5000 $ Beihilfe, und die Summe steht zur Verfügung, dann sollten sie ihm einen Scheck über die Gesamtsumme ausschreiben und die Verwendung im einzelnen dem Kind überlassen. Gewiß gibt es noch andere Alternativen; sagt man aber einem Kind, das mit Sicherheit 250 $ im Monat brauchen wird: «Ich schicke dir 200 $ im Monat, und du kannst um mehr bitten, wenn du es brauchst», nötigt man das Kind zum Betteln.

Falscher Umgang mit Geld zeigt sich am deutlichsten, wenn die Finanzen besonders knapp sind. *Cynthia* wuchs in einer armen Familie auf. Ihre Eltern betrieben einen Kleiderladen für Gebraucht- und Ausschußware, und der Vater brachte für die Kinder unmoderne, schlecht sitzende Garderobe mit nach Hause. Oft stritten sich die Eltern um Geld, aber es war klar, wer die Macht und die Oberhand hatte. «Ein paarmal», erinnerte sich Cynthia, «wurde der Kampf so heftig, daß mein Vater alles Bargeld im Hause, seine Versicherungspolicen, seine Wertpapiere und sein Bankbuch zusammenraffte und sich einfach aus dem Staube machte.» Einmal ging der Streit um einen Wintermantel, den Cynthias Mutter in einem normalen Laden gekauft hatte, gegen die väterliche Regel «keine Garderobenkäufe im normalen Einzelhandel» verstoßend. Jahre brauchte Cynthia, um mit der Angst und der Unsicherheit fertig zu werden, die ihres Vaters Explosion über diesen einen «Verstoß» erzeugt hatte.

Zur Kunst, mit Geld umzugehen, gehört auch, daß man die Mechanismen des Schenkens kennt. Durch die rosarote Brille gesehen ist Schenken reine Selbstlosigkeit und Liebe. In Wirklichkeit ist es oft die Gelegenheit, ein Tauschgeschäft einzuleiten – ein faires oder auch unfaires. Schenken ist Machtaustausch. Wenn man einem Kind das falsche Geschenk macht, bringt man es in eine schwierige Lage. Es fühlt, daß es nicht wirklich ein Geschenk bekommen hat, spürt aber auch, daß man von ihm Dankbarkeit und ein Gegengeschenk erwartet.

Familienvermögen und Fairneß

A und O eines gesunden Familiensystems ist das darin herrschende «Fair play». In früheren Gesellschaften – Agrar- und Feudalkulturen – galten Kinder als Eigentum der Eltern und mußten ihre Arbeitskraft in den Dienst der Familie stellen. Es gab Zeiten, da den Eltern die Arbeitskraft der Kinder gehörte, bis diese volljährig waren. Es wurden möglichst viele Kinder gezeugt, damit möglichst viele Hände in der Familie zupacken konnten. Außerdem: Je mehr Kinder, desto größer die Wahrscheinlichkeit, daß einige überlebten, um die Eltern im Alter zu versorgen. Die Familienstruktur war nicht auf gerechte Verteilung der Mittel und nicht auf Förderung des Potentials eines jeden einzelnen angelegt. In Zeiten, da die Familie groß und die Risiken für Leben und Gesundheit höher waren, sorgte dieses System dafür, daß zumindest einige Mitglieder der Familie davon profitierten.

Das hat sich heute – mit der Dominanz der «Klein»-Familie – stark geändert. Das Kind kann nicht mehr als Leibeigener betrachtet werden. Ziel des Familiensystems ist nun die individuelle Förderung und Entfaltung des einzelnen. Um das praktisch zu verwirklichen, müssen die Vermögensmittel in gerechter Verteilung allen Familienmitgliedern zugute kommen: das König-Sklave-Modell kann nicht mehr gelten, es sollte ersetzt werden durch das König-Königin-Prinz-Prinzessin-Modell, in dem jedes Familienmitglied gleichermaßen «königlich» ist.

Die Familienmittel gehören nicht den Eltern allein. Wenn die Familie ein wahrhaft demokratisches System ist, erwarten die Kinder zu Recht, in den Genuß eines Anteils der Mittel zu kommen, und zwar sowohl zu Lebzeiten der Eltern als auch nach ihrem Tod. Leider wird dieses Recht oft verletzt.

Das Vorbild der Eltern
beim Umgang mit dem Geld

Eltern geben ihren Kindern nicht nur materielle Güter, sondern auch Rollenmodelle. Verantwortungsbewußte Eltern werden sich finanziell nicht zugrunde richten. Und sie werden – ebenso wichtig – gewissenhaft darauf achten, welchen Stil des Umgangs mit Geld und Besitz sie den Kindern vermitteln. Die Identifikation des Kindes mit dem Unbewußten der Eltern sorgt dafür, daß das Kind genau merkt, wie die Eltern Geldfragen anfassen und regeln.

Eltern sollten ihre Ausgaben so zu planen suchen, daß die Reifebedürfnisse der gesamten Familie angemessen berücksichtigt werden. Kinder interessieren sich dafür, wie Eltern mit Geld umgehen, denn das hat materiell wie psychologisch einen äußerst starken Einfluß auf sie. Meine Frau und ich glaubten beispielsweise, es sei besser, ein Haus zu kaufen, statt es zu mieten und mehr Urlaubsreisen machen zu können. Meine Kinder dachten umgekehrt: Sie sagten, ihnen wären mehr Urlaubsreisen lieber. Der Interessenausgleich wird von Familie zu Familie verschieden sein, doch sollten die Wünsche jedes Mitglieds in Betracht gezogen werden.

Ich kenne eine Frau, *Edie,* die mit ihrem Mann die Kunst des nackten Überlebens meisterte. Sie praktizierten einen spartanischen, materiell bewußt anspruchslosen Lebensstil – niedrige Miete, Kleider von der Heilsarmee, aber Geld auf der Bank. Dies ging lange gut. Doch das System brach zusammen, als ihr Sohn auf die renommierte Juilliard-Musikakademie ging und sie nun mehr Geld verdienen mußten, um die hohen Studienkosten aufzubringen. Dies zwang sie, ihre finanzielle Situation in einem neuen Licht zu sehen. Während Edie ihr weniges Geld auf die hohe Kante legte, hatte ihr Sohn sein musikalisches Talent entfaltet, eine eigene Band gegründet, schon während der High-School-Zeit Geld verdient und ein Großteil seiner Ausbildungskosten selbst beigesteuert.

Unredliche Eltern merken oft gar nicht, wie stark der Einfluß ist, den sie allein durch ihr Vorbild auf die Kinder haben können. Ein Paar klagte in meiner Sprechstunde, ihre Tochter sei bei einem Ladendiebstahl erwischt worden. Später kam ans Licht, daß den Eltern kurz vorher 10 000 $ gestohlen worden waren, sie aber durch falsche Angabe von der Versicherung 12 000 $ kassiert hatten. Die Eltern erwarteten, daß die Tochter auf ihre Moralpredigten hörte, ahnten aber nicht, daß sie sich mit ihrem korrupten Gebaren identifizierten und es nachahmen würde. Eltern können beim Kind nicht mit Ehrlichkeit rechnen, wenn sie sich cleverer Steuerschummeleien rühmen, beim Einkaufen Preisschilder austauschen oder entfernen und beim Verkauf ihres Autos den Tachometer zurückdrehen.

Ein junger Mann fand es peinlich, daß sein geiziger Vater beim Essen im Restaurant nie ausreichende Trinkgelder gab. Eine junge Frau erzählte mir, wie ihre Mutter ein Party-Service-Unternehmen übers Ohr gehauen habe: Sie hatte sich ein Essen «probehalber» kostenlos ausrichten lassen, angeblich als Test für eine größere Dinnerparty, die sie plante. Wenn sie zufrieden war – so das stillschweigende Einverständnis –, sollte die Firma den Auftrag für die große Party bekommen. Obwohl die Firma gute Arbeit leistete, strich die Mutter den Auftrag für die große Party und kam sich sehr schlau vor, ein kostenloses Essen herausgeschunden zu haben.

Manche Eltern vererben ihre Unfähigkeit, Geldfragen zu diskutieren. *Dicks* Vater führte immer den klassischen Spruch im Munde: «Über Geld spricht man nicht.» Dick merkte, wie wenig dem Vater klar war, daß Kinder in offenen Gesprächen über

Geld den Umgang mit Geldangelegenheiten lernen müssen. Doch mit seinem Reichtum und mit der erzieherischen Erfordernis, daß seine Kinder den Wert eigener, selbständiger, kluger wirtschaftlicher Entscheidungen schätzen lernten, wollte sich der Vater nicht auseinandersetzen. Eltern sollten ihren Kindern die Fähigkeit weitergeben, mit Geld zu wirtschaften und sich am Geld zu freuen. Als *Marcs* Vater starb und ihm 50 000 $ hinterließ, dachte jeder, jetzt stünden ihm alle Wege offen. Doch der Vater hatte sein Geld gehortet, und Marc hatte von ihm den zerstörerischen Geldkomplex geerbt, der ihn daran hinderte, guten Gebrauch von seinem Erbe zu machen.

Ein Vater, der manipulativ mit seinem Geld umging, verhalf seinem Sohn zu einer schockierenden Erkenntnis. Als der Sohn zwanzig war und mit der Frage kämpfte, ob er auf dem College bleiben oder als Immobilienmakler arbeiten sollte, bekam er ein Stellenangebot, das den Besitz eines Autos voraussetzte. Er bat seinen Vater, mit ihm einen Gemeinschaftskredit über 500 $ aufzunehmen, so daß er die Maklerstelle annehmen konnte. Sein Vater weigerte sich und sagte ihm, er solle doch in der Fabrik arbeiten, wie er selber es tat. Der Sohn war von seiner Antwort selbst überrascht: «Ich will nicht so enden wie du.» Ungewollt hatte der Vater in ihm die Erkenntnis konstelliert, daß er nicht in seine Fußstapfen treten wollte.

Um die Gedanken dieses Kapitels zusammenzufassen: Es ist wichtig, daß die Eltern dem Kind eine realistische Haltung zum Geld vermitteln und daß sie Einfallsreichtum und kreative Ideenvielfalt fördern. Die Mittel, die sie haben, sollten sie zum Wohle der Familie klug einsetzen und gerecht teilen. Sie sollten sich der Botschaft bewußt sein, die sie aussenden, wenn sie dem Kind Geld und Geschenke geben. Und schließlich müssen sie daran denken, daß sie in Sachen Geldverdienen, -sparen und -ausgeben die ersten Vorbilder des Kindes sind.

Sexualität und inzestuöses Verhalten

Inzest und kein Ende?

Das Inzest-Tabu – das Verbot geschlechtlicher Beziehungen zwischen Blutsverwandten – ist wahrscheinlich so alt wie die menschliche Zivilisation. In primitiven Gesellschaften verhinderte es Inzucht und förderte die kulturelle Durchmischung. Das erwachsene Kind wurde gezwungen, seine Familie oder Sippe zu verlassen und sich einer neuen Familie anzuschließen. Auf irgendeiner instinkthaften Ebene wußte man, daß inzestuöse Beziehungen keinen günstigen Entwicklungseffekt haben, sondern die in der Familie bereits bestehenden Beziehungen nur komplizieren. «Darum», schreibt die Bibel, «wird ein Mann seinen Vater und seine Mutter verlassen und seinem Weibe anhangen, und sie werden sein *ein* Fleisch» (1. Mose 2,24).

Die verheerenden Auswirkungen des Inzests auf Kinder sind schon lange bekannt, aber das *Ausmaß* solcher Beziehungen wird erst heute langsam sichtbar. Im *Quadrant* (Herbst 1982, S. 15) schreibt Beverly Zabriskie, jedes hundertste Mädchen habe sexuelle Übergriffe durch den Vater erlebt. Sie zitiert einen Psychoanalytiker:

> «In gutbürgerlichen Elternhäusern geht mehr [Inzest] vor sich, als wir uns je träumen ließen [...] im typischen Inzestfall hat das Kind meist eine schwache, demoralisierte und feindselige Mutter, oder eine einfach ‹abwesende› Mutter, die ihre Tochter weder lehren noch führen noch schützen kann.»

In ihrem Buch *Kindesmißhandlung* gehen Ruth und Henry Kempe ausführlich auf das Inzestproblem ein. Auch hier wird auf die Komplizenschaft zwischen den Eltern hingewiesen: «Bei vielen [Vätern], die auf ein Inzestverhalten zugleiten, erfolgt [...] der letzte Anstoß durch eine Ehefrau, die Situationen arrangiert, in denen Vater und Tochter ungestört sind» (S. 69). Die Eltern haben in solchen Fällen «die Funktion der Mutter der Tochter zugewiesen, und zwar sowohl in der Küche als auch im Bett» (S. 75). Die Folge ist, daß der Tochter die «Freude an normaler Sexualität» vergällt wird und daß die «Inzestopfer sich selbst als wehrlos, wertlos, schuldig und von allen Seiten bedroht sehen, bedroht vor allem vom Vater und von der Mutter, die ihre Beschützer sein sollten» (S. 76–77).

Doch nicht nur der direkte körperliche Inzest kann das psychische Wohl der Familie schwer beeinträchtigen. Söhne und Töchter, die seelisch zu eng an irgendein anderes Familienmitglied gebunden sind, werden Schwierigkeiten haben, ihr Potential zu entfalten, namentlich: Beziehungen außerhalb der Familie zu knüpfen. Exzessive «Binnen»-Abhängigkeiten *(bondage)* statt Bindungen *(bonding)* sind in der modernen Familie leider nur allzu verbreitet. Daß der eigentliche Geschlechtskontakt zwischen Eltern und Kindern gesellschaftlich wie familiär schlimme Auswirkungen hat, wird allgemein nicht bestritten. Man muß aber den Inzestbegriff weiter fassen: Dazu gehören auch vielfältige Arten des Eindringens in die sexuelle Privatsphäre des Kindes und überhaupt jedes unangemessene Sexualverhalten, das Eltern gegenüber – und vor – Kindern zeigen.

Erotische, intime oder exhibitionistische Zurschaustellung, die in der Öffentlichkeit als unangebracht gelten würden, sollten allgemein auch zu Hause vor Kindern oder mit Kindern nicht stattfinden. In unserer westlichen Gesellschaft bieten sich Wachstumschancen, wenn ein Kind seine Familie verläßt. Inzestuöses Verhalten hat oft den schweren Folgeschaden, daß es Kinder unfähig zu anderen Beziehungen macht. Psychisch gesehen scheint das Kind dann nie das Elternhaus zu verlassen, so daß es selbst wenn es heiratet, häufig keine befriedigenden und dauerhaften Beziehungen einzugehen vermag.

Es gibt etwas, das man als Inzest-Kontinuum bezeichnen könnte – ein Spektrum von Verhaltensweisen, die Eltern gegenüber den Kindern an den Tag legen können, deren Extreme im Bereich des Ungehörigen und Unangemessenen liegen, während die ausgewogene Mitte als zuträglich und gesund anzusehen ist. Eltern, die sich gegenüber ihren Kindern kalt verhalten – physisch oder seelisch –, können ebensoviel Schaden anrichten wie Eltern mit inzestuösem Verhalten. Zur Bildung eines gesunden Selbstvertrauens braucht die Tochter das Gefühl, daß sie von ihrem Vater leiblich wie seelisch für eine attraktive Person gehalten wird. Dies legt die Grundlage für ihre weibliche Selbstsicherheit und dafür, daß man ihr bei künftigen Partnerbeziehungen respektvoll begegnen muß. Ein Vater, der seiner Tochter das Gefühl gibt, sie sei unattraktiv, ebnet den Weg, daß sie in masochistische Beziehungen hineinrutschen kann. Gewiß wird die normale Vater-Tochter-Beziehung immer eine leichte erotische Tönung haben: Das Töchterlein ist «Papas Liebling», ein Liebesobjekt für den Vater. Am Vater erlebt sie die erste Liebesbeziehung zu einem Mann, und es ist lebenswichtig, daß sie sich von ihm vorbehaltlos akzeptiert fühlt.

Ein chauvinistischer Vater sagte seiner Tochter: «Man kann jede Frau kriegen.» Er bringt damit zum Ausdruck, Frauen sei nicht zu trauen, und sie hätten ihre sexuellen Impulse nicht unter Kontrolle. Diese Tochter wurde ängstlich beschirmt, überbehütet – wenn sie mit einem Mann ausgehen wollte, wurde sie vom Vater in eine regelrechte Verhör-Mangel genommen: Was der junge Mann beruflich tue, wo er wohne, was seine Eltern machten. Und hinterher lauerte der Vater ihr auf und verhörte sie wieder: «Was hast du getan? Was hat er mit dir gemacht? Wie weit seit ihr gegangen?» Die paradoxe Folge solcher zudringlicher, in ihrem Stil inzestuöser elterlicher Fragerei ist oft, daß die Tochter die Phantasie des Vaters irgendwann verwirklicht, seine Prophezeiung erfüllt und sich mit manipulativen Männern einläßt. Die Tochter identifiziert sich mit dem Unbewußten des Vaters und unterbewertet sich entsprechend.

Beim tatsächlichen Inzest, dem Extremfall, werden die Sexualphantasien ausgelebt. Der Vater liebkost die Tochter, küßt sie leidenschaftlich, fordert offen Unzüchtiges. Spielt sich die Beziehung auf subtilerer Ebene ab, ist die Frage schwieriger. Inzestuöse Sexualphantasien eines Elternteils können das Kind geschlechtlich frühreif machen, können es stimulieren, können auch sogenannte «Inzestangst» wecken. Das Verhalten solcher Eltern muß danach beurteilt werden, welchen Effekt es auf das Kind hat, nicht danach, was die Eltern bewußt beabsichtigen. Die Frage ist nicht, ob physischer Zwang mitspielt, sondern ob eine ungesunde, das Kind beängstigende Bindung zu einem Elternteil vorhanden ist. Die populäre Meinung, daß, was sich gut anfühlt, auch gut sei – «wenn es sich gut anfühlt, tu es» – gilt hier nicht. Selbst wenn beide Eltern und das Kind die überenge Bindung zu genießen scheinen, werden die schädlichen Wirkungen dieser Bindung früher oder später sichtbar werden. Das «Richtige» sollte hier im Sinne des «entwicklungsmäßig Richtigen» definiert werden.

Kinder sind abhängig von der Fähigkeit der Eltern, ihre Sexualität unter Kontrolle zu haben. Väter und Mütter müssen ihre Töchter und Söhne als Menschen, die sie lieben, aber nicht als Sexualobjekte behandeln. Eine Liebesbeziehung zu einem Menschen aufrechtzuerhalten und dabei seine Sexualphantasien völlig im Griff zu behalten, mag nicht immer einfach sein, aber es lassen sich gewisse psychologische Vorsichtsmaßregeln treffen. So muß man sich vorsehen, das Kind nicht überzustimulieren – etwa, indem man «ganz unschuldig» mit ihm unter die Dusche geht. Was wesensmäßig privat ist, sollte auch innerhalb der Familie nicht zur öffentlichen Domäne werden. Zwar glaube ich, daß es für ein Kind gesund ist, davon auszugehen, daß seine Eltern eine Sexualbeziehung haben; dennoch sollten sie das Kind nicht zum Augen- oder Ohrenzeugen ihrer körperlichen Intimitäten machen. Gewisse Grenzziehungen (Abschließung der

Tür zum Schlafzimmer usw.) sind legitim. Mütter und Söhne, und Väter und Töchter, die im selben Bett schlafen, spielen ein gefährliches Spiel. Selbst wenn es zu keinerlei körperlichem Kontakt kommt, handelt es sich immer noch um ein «Ins-Bett-Gehen mit dem eigenen Kind», und die unbewußte Intimbindung, die das schafft, kann für die Entwicklung katastrophal sein und die psychosexuelle Reifung des Kindes hemmen.

Eine scheinbar unschuldige Spielart der Verletzung der Privatsphäre ist in Familien zu beobachten, deren Mitglieder zu Hause gewohnheitsmäßig nackt herumlaufen. Mag auch bewußt das Gefühl «Wir haben nichts zu verbergen» vertreten sein – vom Unbewußten aber wird offener Exhibitionismus in der Familie gern als Befürwortung inzestuöser Intimität gesehen und das kann für das Kind verwirrend sein. *Phyllis* erzählte mir: Als sie noch klein war, pflegte ihr Vater immer beim Rasieren nackt im Badezimmer zu stehen und die Tür offenzulassen, anscheinend keinen Wert auf Wahrung seiner Intimsphäre legend. Wenn sie aber dann hinging und ihn ansprach, wurde er sehr wütend und jagte sie weg. Ein paradoxes Verhalten: erst Lockung, dann plötzlich Verstoßung. Auch bei ihm selbst herrschten wohl zu diesem Punkt sehr widersprüchliche Vorstellungen.

Das Kind als Partnerersatz

In manchen Familien verzerrt sich die übliche Rollenverteilung zwischen Eltern und Kind, und das Kind wird in traumatische Rollen hineingezwungen. Es verliert seine Autonomie und seine Chance, zum reifen, selbständigen Menschen heranzuwachsen, weil die Eltern es «überbehüten» oder gar als Partnerersatz betrachten. Die Antwort des Kindes auf solche unangebrachten Erwartungen ist Verwirrung, manchmal völlige Unterwerfung unter die Eltern oder aber totale Ablehnung der Eltern.

Eltern, die verwitwet, geschieden, alleinstehend sind oder in unbefriedigenden Beziehungen leben, werden oft versucht sein,

ein zu enges Band zu ihren Kindern zu knüpfen: das Kind soll die einsamen Stunden füllen und einen Ersatz für den fehlenden oder gefühllosen Partner schaffen. Inzestuöse Beziehungen können sich auch bilden, wenn Kinder spüren, daß ihre Eltern überhaupt nicht mehr miteinander auskommen und nur «um der Kinder willen» zusammenbleiben. Das Kind spürt das Vakuum zwischen den Eltern und sucht es zu füllen; inzestuöse Sehnsüchte oder Verhaltensweisen auf seiten des Kindes haben oft die Funktion, die Elternbeziehung wieder zu kitten. Durch inzestuöse Annäherung sucht das Kind paradoxerweise, die Bindung zwischen den Eltern wiederherzustellen – oder zu ersetzen –, die es als ungenügend oder als nicht mehr existent empfindet. Eine junge Frau, die sich zwischen die Eltern gedrängt hatte, hatte das Gefühl: «Abgesehen von mir und meinen Problemen hatten sie überhaupt nichts mehr gemeinsam.»

Benjamin, schwer gestört durch die lieblose Ehe seiner Eltern, wurde aggressiv und sadistisch. Er war ein Kind von dem Typus, der Tiere quält, der Spielgefährten zu Boden stößt und behauptet, sie seien hingefallen. Benjamins Wut hatte Wurzeln im schlechten Verhältis seiner Eltern. Seine Mutter hatte das «große Los» gezogen – den reichsten Mann am Ort geheiratet. Sie liebte das Geld ihres Mannes, konnte ihn selbst aber nicht lieben. Zwischen Benjamin und seiner Mutter entwickelte sich eine inzestuöse Bindung. In der frühen Adoleszenz machte er ihr kostspielige und intime Geschenke, wie ein Ehemann sie macht, Geschenke, von denen sie nicht wußte, ob sie sie annehmen sollte. Mit dem Vater konnte sich Benjamin nicht so reibungslos identifizieren; der Vater suchte seine Minderwertigkeit dadurch zu kompensieren, daß er Benjamin mit auf Sportveranstaltungen schleifte, sich aber ansonsten nicht um Benjamins Entwicklung kümmerte. Schließlich haßte und verachtete Benjamin den Vater, sagte ihm seinen Abscheu ins Gesicht, so wie er es seine Mutter hatte tun sehen. Die Mutter ihrerseits hegte und pflegte die überenge Bindung zum Sohn, und der Vater vermochte sich keinerlei Achtung in der Familie zu verschaffen.

Ein anderes Beispiel: Im Zuge immer größerer Eheschwierigkeiten gab *Ruths* Mutter immer mehr Verantwortung an die Tochter ab und ließ diese dann praktisch als Ersatzehefrau fungieren. «Ich konnte nicht mehr mit ihm fertig werden, da habe ich ihn eben zu dir hinübergeschubst, und dann bin ich eifersüchtig geworden auf die Aufmerksamkeit, die er dir schenkte», gab sie schließlich in einem Brief an die Tochter zu, als Ruth schon einundvierzig war. Ein solcher Rollentausch, bei dem die Anziehung zwischen Vater und Tochter provoziert und gesteigert wird, ist in inzestuösen Haushalten gang und gäbe.

Ein so geartetes erzwungenes Intimverhältnis, mit Überbehütung verbunden, kann zu extremer Rebellion auf seiten des Kindes führen, zu einem übermächtigen Bedürfnis des Kindes nach Einsamkeit oder danach, sich so weit wie möglich vom erdrückenden Vater oder der erdrückenden Mutter zu entfernen. Wie ein frustrierter Mann von seiner Mutter sagte, nachdem er sich endlich von ihr losgerissen hatte: «Ich war es so leid, ewig ihr Wachhund zu sein.» Was ein allmählicher schrittweiser Ablösungsprozeß hätte sein sollen, wurde hier zum jähen schmerzhaften Bruch.

Ein weiteres, übereiltes Mittel, zu dem Kinder in dieser Situation greifen, ist, schwanger zu werden. Eltern, die die Schwangerschaft ihrer halbwüchsigen Tochter für ein «Versehen» halten, verstehen möglicherweise nicht den unterschwelligen Grund dafür. Manche Mädchen werden schwanger, um durch einen radikalen Schritt aus einem unglücklichen Zuhause auszubrechen. Sie sehen Schwangerschaft und Ehe als einzigen Fluchtweg von inzestuös erdrückenden Eltern, oder sie suchen nach einem Brennpunkt für ihr Leben, nach einer Möglichkeit sich weiterzuentwickeln, die in einem repressiven Elternhaus nicht gegeben waren.

Die Verletzung der Intimsphäre

Kinder haben ganz eindeutig das Bedürfnis danach zu fühlen, daß ihr Körper ihnen allein gehört. Sie brauchen das Gefühl, selber entscheiden zu können, wie, wann und wo sie ihren Körper zeigen. Eltern, die eine scheue Fünfzehnjährige drängen, einen Bikini zu tragen, greifen in die Intimsphäre der Tochter ein, und sie kann die Aufforderung ihrer Eltern als versuchte Demütigung empfinden.

Suzanne wurde von ihrer streng katholischen Mutter von der ersten Menstruation an gezwungen, sich alljährlich einer gynäkologischen Untersuchung zu unterziehen, deren Ergebnis den Eltern in allen Einzelheiten mitgeteilt wurde; Suzanne empfand dies als ein gewaltsames Nachprüfen ihrer Jungfräulichkeit und als eine von der Mutter veranlaßte «ärztliche Notzüchtigung».

Medizinische Besorgnis dient inzestuös motivierten Eltern oft als Vorwand, in die körperliche Sphäre des Kindes vorzudringen. Einläufe, Empfängnisverhütung, Masturbation, übertriebene körperliche Beschäftigung mit dem Kind bei Krankheiten, Baden – das alles sind Bereiche des Familienlebens, die mißbräuchlich-inzestuösem Elternverhalten Vorschub bieten.

Eine destruktive Art erotischer Neckerei liegt vor, wenn junge Töchter handgreifliche Zärtlichkeiten, Zwicken usw. durch den Vater oder andere männliche Verwandte erdulden müssen. *Donnas* Vater versuchte immer, sie zum Mitmachen zu bewegen, indem er ihr einredete: Sei doch nicht so verklemmt, sonst kriegst du nie einen Mann. Oft macht sich der andere Elternteil indirekt mitschuldig; Donnas Mutter zum Beispiel verteidigte ihren Mann.

Auch wenn das Kind nicht zu direktem Geschlechtsverkehr mit Eltern oder Geschwistern gezwungen wird, so gibt es doch inzestuöses Elternverhalten, das für die Entwicklung der Kinder hochgradig schädlich ist. Eltern, die solches Verhalten zeigen, haben meist eigene narzißtische Bedürfnisse, die nicht angemessen gestillt worden sind. Ihr Hunger nach Zuwendung, Liebe und Akzeptanz durch ihre Kinder nimmt dann unangebrachte, inzestuöse Formen an.

In Verhältnissen, wo Verletzungen der körperlichen Privatsphäre üblich sind, spüren Kinder häufig sehr stark das Fehlen einer beiderseits befriedigenden, erfüllenden Bindung zwischen den Eltern. Auf Fragen nach der Sexualbeziehung der Eltern antworten solche Kinder oft: «Na, es gibt zwei Kinder, also weiß ich, daß sie's zweimal gemacht haben müssen», eine Widerspiegelung der kalten und gefühllosen Beziehung der Eltern.

Das Schlafzimmer

Zwar ist es möglich, daß das Kind, in gewissem Sinne, sexuell stimuliert werden will; zugleich hat es vor diesem Impuls aber auch Angst. Man weiß seit langem, daß dem Kind eine natürliche Inzestuosität innewohnt, daß es aber eine Hemmung entwickelt, das sogenannte Inzesttabu. Wenn Kinder zu ihren Eltern ins Bett steigen, mögen sie inzestuöse Impulse spüren, haben vor diesen Wünschen zugleich aber auch starke Angst. Manche Eltern verteidigen ihr inzestuöses Verhalten, indem sie sagen, das Kind habe es «so gewollt». Vielleicht testet das Kind aber auch nur, wissend, daß Impulse einer Kontrolle unterworfen werden müssen, und darauf vertrauend, daß die Eltern ihre eigenen sexuellen Impulse unter Kontrolle haben. Die Eltern verstärken nur die Angst des Kindes, wenn sie sich nicht eingestehen wollen, daß Inzest dem Kind Leid zufügt.

Wenn ein kleines Kind Alpträume hat, wird es oft zu den Eltern ins Bett wollen, um getröstet zu werden. Oft besteht ein Zusammenhang zwischen dem Inhalt des Traumes und den inzestuösen Sehnsüchten des Kindes. Ein Vater, den ich kannte, hatte eine Tochter, die drei Jahre lang fast jede Nacht Alpträume hatte. Sie pflegte daraus hochzuschrecken und kroch dann zu den Eltern ins Bett und schlief dort ein. Der Mann war nie darauf gekommen, daß er womöglich die Alpträume des Mädchens verstärkt hatte, obwohl er sich erinnerte, daß er als Kind ebenso gern zu den Eltern ins Bett gekrochen war. Seine Tochter brauchte den Widerstand und die Kontrolle der Eltern, nicht ihre Komplizenschaft bei ihren inzestuösen Sehnsüchten.

Wenn sich ein Kind inzestuös zwischen die Eltern drängt, hängt das zuweilen direkt oder indirekt mit der Angst zusammen, von den Eltern verlassen zu werden. An dieser Angst leidet ein Kind häufig deshalb, weil es eine unsichere Bindung zwischen seiner Mutter und seinem Vater wittert. Dies setzt im Unbewußten des Kindes eine Kette von Ereignissen in Gang. Es muß sich gegen diese Angst wehren, und das treibt es oft zu inzestuösen Vorstößen, gegen die es gleichzeitig ankämpfen muß. Alpträume und das entsprechende Verhaltensmuster der Kinder sind die gängige Folge dieses Inzestkomplexes. Ein Psychotherapeut beobachtete, daß seine Kinder Alpträume entwickelten, als sie unbewußt entdeckten, daß er eine Geliebte hatte. In einer gesunden Familie empfindet das Kind die Bindung zwischen den Eltern dagegen als fest.

Ist ein Elternteil stark oder latent homosexuell, kann dem Kind eine Identitätskrise drohen. *Arts* Vater war ein latenter Homosexueller. Seine Mutter hatte eine inzestuöse Bindung zu ihrem Bruder und heiratete Arts Vater nur widerstrebend; aber ihr Kinderwunsch war schließlich doch stärker als ihre Abneigung gegen die Verbindung. Wenn Arts Eltern Streit hatten, pflegte der Vater mit Art ins Bett zu gehen, worin seine unbewußten homosexuellen Tendenzen zum Ausdruck kamen. Ein anderes junges Mädchen hatte mit seinen Eltern im selben Zimmer geschlafen, bis es vierzehn war, hatte «alles mitgekriegt» und daher gemerkt, daß die Eltern keinerlei Sexualbeziehungen hatten. Diese Frau wurde später ziemlich hemmungslos und pflegte ihrem Vater (gegen seinen Willen) die Einzelheiten ihrer Geschlechtsabenteuer zu erzählen. Er hatte die Grenzen seiner Privatsphäre nicht gewahrt und wurde dafür nun unerwünscht ins Vertrauen gezogen.

Unpassende Bemerkungen

Ein weiterer inzestuöser Stil, den manche Familien praktizieren, besteht in häufigen Gesprächen oder Witzen über Sex, entweder allgemein oder über das Sexualleben der Familienmitglieder selbst. Alles, was Inzestphantasien anregt oder was dazu reizen könnte, sie auszuleben, sollte vermieden werden. Manche Eltern schaffen Verwirrung und Verlegenheit, indem sie schlüpfrige Witze erzählen oder ihre Töchter und Söhne mit ihrer sexuellen Reifung hänseln. *Carolyns* Vater pflegte seiner Tochter immer zu sagen, ihre Brüste seien zu groß. Als sie ein paar Pfund abnahm, lobte er sie und meinte, jetzt sähen die Brüste klasse aus. Dieser Vater erwartete auch, daß Carolyn ihn auf den Mund küßte. Als sie geheiratet hatte und den Vater nur noch auf die Wange küßte, nahm er das übel, wollte überhaupt keinen Kuß mehr und gab ihr nur noch die Hand. Ganz offensichtlich spürte er – und ärgerte sich darüber –, daß sie nicht mehr «sein» war.

Wenn Eltern das Kind aufklären, kann manchmal das richtige Wort aus dem falschen Mund kommen. Ist es zum Beispiel gut, daß der Vater die Tochter über Menstruation aufklärt? Oder die Mutter mit dem Sohn über nächtliche Samenergüsse spricht und ihn in den Gebrauch von Kondomen einweiht? Männerspezifische Themen sollten besser von Männern, frauenspezifische von Frauen besprochen werden, in Anlehnung an Initiationsriten in anderen Kulturen, bei denen jeweils Personen des anderen Geschlechts ausgeschlossen werden.

Kinder sollten ermutigt werden, Fragen zur eigenen Sexualität zu stellen, in unverklemmter und unverkrampfter Atmosphäre. Sexuelle Themen können Kinder in Verlegenheit bringen, daher muß man einfühlsam dafür sorgen, daß die Einführung in solche Themen ohne Peinlichkeit und Demütigung vor sich geht. Eltern bringen Kinder oft ungewollt in Verlegenheit. Wenn eine Tochter ihre erste Periode bekommt, kann sie der Meinung sein, dies sei ein Geheimnis, das man dem Vater und anderen Familienmitgliedern nicht offenbaren dürfe. Hat die Mutter für das Bedürfnis der Tochter nach Verschwiegenheit kein Verständnis oder weigert sich im anderen Fall, über die Situation zu sprechen, begeht sie im gewissen Sinn Verrat an der Tochter.

Manche Eltern stehlen sich aus der Verantwortung und überlassen die Sexualerziehung der Schule, der Kirche oder einem Buch – oder der Freundesclique des Kindes. Kinder müssen jedoch die Eltern als Vorbilder ansehen können, die ihnen gesunde Orientierung in Sexualfragen geben.

Die Folgen

Einige der Hauptfolgen inzestuöser Interaktionen sind bereits angesprochen worden: Das Inzestverhalten der Eltern greift schädigend in die sexuelle Entwicklung des Kindes ein. Fast immer wird es dem Kind dadurch später schwer oder unmöglich gemacht, außerhalb der Familie gesunde Liebes- und Sexualbindungen aufzubauen.

Einige der Folgen zeigen sich im Verhältnis des Kindes zum eigenen Körper. Ein Mädchen von acht Jahren wurde gezwungen, in der Küche eines Ferienhauses nackt zu baden, vor den Augen der Familie. Sie wollte sich nicht entblößen, aber der Vater bestand darauf. Die dahinterstehende Botschaft war: Zeigst du mir deinen Körper, liebe ich dich; wenn nicht, dann nicht. Dieses Mädchen entwickelte in der Folgezeit eine starke Verspanntheit und hatte Schmerzen im ganzen Körper. Ein Hauptsyndrom waren Blähungen – ein Zeichen, daß der Körper ein eigenes Abwehrsystem gegen die Zurschaustellung aufbaute, die ihr Vater forderte.

Auch bei indirektem Inzestverhalten der Mutter gegenüber dem Sohn wird der Sohn oft Schwierigkeiten haben, angemessene Liebesobjekte zu finden. Der Sohn kann homosexuell werden, kann ein Don Juan werden oder kann feststellen, daß keine Frau gut genug für ihn ist. Wenn die Mutter die Libido oder die sexuelle Energie eines Sohnes an sich bindet, bindet sie teilweise auch dessen Fähigkeit, befriedigende Bindungen zu knüpfen. Manche Männer, deren Mütter einen anmaßend-herrischen, zudringlichen, inzestuösen Stil zeigen, scheinen den Sexualtrieb völlig zu verlieren.

Prostituierte und promiskuitive Frauen geben häufig an, sie seien in diesen Lebensstil hineingerutscht, weil sie von Männern mißbraucht worden sind; dabei bleibt ihnen jedoch unter Umständen unbewußt, daß ihre Familie sie überhaupt erst dazu disponiert hat, sich mit brutalen Männern einzulassen. Viele meiner Patientinnen, die so lebten, hatten eine inzestuöse Beziehung mit ihrem Vater oder einem anderen männlichen Familienangehörigen hinter sich.

Die Geschlechtlichkeit eines Kindes beginnt mit dem Verhältnis der Eltern zu ihrer eigenen Sexualität und mit der Qualität der Bindung, die sie zueinander und zu den Kindern haben. Eltern, denen an einer gesunden Sexualentwicklung ihrer Kinder liegt, müssen sich bewußt sein, daß sie ein äußerst einflußreiches Rollenmodell abgeben. Sie müssen das Inzesttabu beachten und ihre eigenen Sexualbedürfnisse angemessen befriedigen. Sie müssen lernen, dem Kind den Respekt und den Raum für seine Intimsphäre zu geben, den es braucht, und über sexuelle Fragen in einfühlsamer und unverkrampfter Weise zu sprechen. Positive Eltern haben ein offenes Ohr für Sexualfragen und -sondierungen des Kindes, sind aber andererseits nicht zudringlich und mißbrauchen das Kind nicht zur Stillung eigener narzißtischer Bedürfnisse.

Verlassenheit

Im Stich gelassen

Kinder sind instinktiv so an ihre Eltern gebunden und so abhängig von ihnen, daß der Verlust der elterlichen Anwesenheit und Stützung, sei es durch Weggehen, sei es durch finanzielles Hängenlassen, Scheidung, Selbstmord, emotionale Verlassenheit, verheerend sein kann. Der Halt, den die Eltern geben, ist für das seelische Wohl des Kindes unabdingbar wichtig. Auch bei unvermeidbarem Verlust, etwa durch Tod, kann sich das Kind unbewußt «im Stich gelassen» fühlen. In diesem Fall braucht es um so stärker Unterstützung von den verbliebenen Verwandten.

Viele Eltern fühlen sich der Elternpflicht nicht gewachsen und lösen das Dilemma dadurch, daß sie die Bürde dieser Pflicht schlicht abwerfen. Manche Fälle liegen klar: der geschiedene Vater, der mit seinem Kind nichts mehr zu tun haben will; die frustrierte Mutter, die mit ihrer Lage nicht fertig wird und Selbstmord begeht. Andere Variationen dieses Themas sind hintergründiger. Wohlhabende praktizieren oft ein «institutionalisiertes Imstichlassen», das heißt, die Kinder werden in Internate oder in die Obhut anderer Erziehungspersonen abgeschoben.

Eltern, die ihre Kinder fallenlassen, rationalisieren ihr Verhalten oft aufs beste. Wenn sie ihre Kinder einer Institution übergeben, mögen sie glauben, zumindest bewußt, daß sie ihm die besten Chancen zukommen lassen, doch das wahre Motiv ist, daß sie die Last der Kinderversorgung los sein wollen. Geschiedene, die das Interesse an ihren Sprößlingen verlieren, verteidigen dies oft damit, daß sie sagen, es sei für die Kinder am besten, in einem spannungs- und konfliktfreien Heim aufzuwachsen.

Die Auswirkungen elterlicher Abwesenheit werden von Fall zu Fall verschieden sein. Manchmal scheint das Kind trotz eines Verlustes klarzukommen. Von den Eltern verlassene Kinder können beispielsweise zu Großeltern, zu Verwandten oder Tanten kommen. Dieser Schritt – oft akzeptabel und zuweilen sogar eine bessere Lösung, als das Kind im Elternhaus zu belassen – ändert freilich nichts an der Tatsache, daß es in der Seele des Kindes keinen Ersatz für die wahren Eltern gibt. Ein Kind, das sich verlassen fühlt und daran leidet, entwickelt unter Umständen soziale (Beziehungs-)Schwierigkeiten in Familie, Schule, Nachbarschaft. Es kann an Ängsten und Depressionen leiden, nervöse Zustände und Alpträume bekommen. Manchmal allerdings bleibt der Schaden unerkannt, bis es zu spät ist. Die Kempes schreiben:

«Elterliche Betreuung kann unzureichend sein, weil die Eltern physisch oder emotional nicht präsent sind, was schon früh im Leben zum Syndrom des mangelhaften Gedeihens führt. Wenn Eltern im emotionalen Sinne ständig anwesend sind, kann das Kind unter einer Deprivation leiden, die vielleicht gar nicht erkannt wird» (*Kindesmißhandlung*, S. 21–22).

Nur allzu häufig wollen sich die Eltern ihrer Pflichtverletzung überhaupt nicht bewußt werden.

Kinder werden unter anderem im Stich gelassen, wenn Eltern mit ihrem Leben unzufrieden sind und narzißtisch gestört sind. Nur an die eigenen Bedürfnisse denkend, sind fahnenflüchtige Eltern blind dafür, wie sich ihre Entscheidungen auf die Kinder auswirken werden. Der im Beruf gestreßte Vater («Ich mach' diesen Job ja nur, weil ich euch Kinder ernähren muß») kann beispielsweise eines Tages versucht sein, den Koffer zu packen und seine Elternpflichten einfach abzuwerfen. So verhielt sich *Mary Ellens* Vater. Sobald die Kinder in die Pubertät kamen, räumte er das Feld, kaufte sich ein Hausboot und verschwand. Mary Ellen sah ihn hinterher noch gelegentlich, konnte sich ihm aber nie wieder nahe fühlen. Bei einem solchen Rollenmodell ist es verständlich, daß sich Mary Ellen immer wieder mit verantwortungslosen Männern wie Trinkern und ziellos Dahinlebenden einließ.

Herumschweifende Väter und Mütter brauchen ihre Freiheit und Ungebundenheit. Verantwortung betrachten sie als Feind. *Murrays* Vater, ein College-Professor, war ein verhinderter Nomade. In Abständen verließ er immer wieder die Familie und verschwand für längere Zeit. Murray begriff, daß seine eigene Abneigung gegen Ehe und Familiengründung mit seinem unbewußten Wunsch in Zusammenhang stand, ein erfolgreicher Nomade zu werden. Er versuchte, die Pflichtvergessenheit seines Vaters noch einen Schritt weiter zu führen, indem er sich gar nicht erst an eine Familiensituation band und niemandem – und für niemanden – verantwortlich war.

Chip hatte viel Energie für seinen Beruf übrig, dafür aber um so weniger für menschliche Beziehungen, ausgenommen die Beziehung zu seine Mutter. Er ermutigte seine Eltern, sich zu trennen; er schickte seine Mutter allein auf Urlaub und suchte sie davon zu überzeugen, daß sie es ohne den Vater besser hätte. Er heiratete jung und hatte zwei Kinder, wiederholte aber dann die Unfähigkeit seiner Eltern, eine beiderseits befriedigende, längere Beziehung zu knüpfen. Schon bald ließen sich Chip und seine Frau wieder scheiden, und Chip pflegte am Wochenende seine Kinder zu Ganztagsausflügen abzuholen. Eines Tages, als er sie abholen kam, hörte er eine seiner Töchter sagen: «Mutti, muß ich wieder mit Papa weg?» Darauf beschloß er, die Kinder überhaupt nicht mehr zu besuchen. Seine bewußte Argumentation: Wenn ich nicht zu meinen eigenen Bedingungen Vater sein kann, dann überhaupt nicht. Diese unreife Entscheidung, die Kinder zu verlassen, war eine unbewußte Strafmaßnahme gegen sie, weil sie seine väterlichen Annäherungen ausgeschlagen hatten. Zunächst wollte er nicht einmal Unterhaltszahlungen leisten. Dazu wurde er dann zwar gerichtlich gezwungen, aber seinen Entschluß, die Kinder nicht mehr sehen zu wollen, hielt er aufrecht und mied sogar Telefongespräche; waren die Kinder aus den Augen, waren sie auch aus dem Sinn.

Bewußt begründete er das damit, daß er sagte: Meine Töchter sind ja versorgt, da alle ihre materiellen Bedürfnisse befriedigt werden. Seine Analyse seines Verhaltens führte dann jedoch zu der Erkenntnis, daß es eine Reaktion darauf war, daß dem Augenschein nach sie ihn, den Vater, verlassen hatten. Diese Reaktion auf Ablehnung durch ein Kind ist ein Zeichen ungestillter narzißtischer Bedürfnisse bei Eltern. Chip wollte dem Kind nicht zugestehen, seiner Unzufriedenheit über elterliche «Teilzeitbetreuung» Ausdruck zu geben. Narzißtisch gestörte Eltern können sich nur schwer vorstellen, wie sehr das Kind sie braucht. Das Kind braucht den Kontakt zum Vater, auch wenn es den Vater zu einer bestimmten Zeit aufgrund bestimmter Umstände nicht sehen will.

Manchmal haben Eltern Berufe oder Interessen, die ihnen die Erfüllung von Mutter- und Vaterpflichten sehr schwer machen. Der reisende Vater, der Seemann, der Glücksritter ist regelmäßig lange Zeit von zu Hause fort. Dies setzt den anderen Elternteil meist unter ungeheuren Streß, da er die Kinder allein versorgen und beide Rollen spielen muß.

Junes Mutter beklagte sich immer bei ihren Kindern darüber, daß der Vater ewig auf Geschäftsreise sei. Sie spürte das Bedürfnis, ihre Kinder eng um sich zu scharen, auch noch während ihrer frühen Erwachsenenjahre. Auch als die Kinder schon studierten, wurde noch von ihnen erwartet, daß sie sämtliche Freizeit zu Hause bei der Familie verbrachten. Taten sie das nicht, nahm sie das als ein Zeichen, daß sie sie nicht mehr liebten. Sie wurde zu einer klassischen Vertreterin der verschlingenden Mutter, wenngleich sich hier der Vater mitschuldig machte (er kümmerte sich fast nur um seine Arbeit, kaum um die Familie).

In der Psyche haben Kinder nur *einen* Vater und *eine* Mutter. Auch ein Stiefvater – mag er noch so kompetent sein – kann den Vater niemals ersetzen. Dies mag erklären helfen, warum so manche Adoptivkinder später wie besessen die leiblichen Eltern suchen. Diese Suche heißt nicht, daß die Adoptiveltern schlechte Arbeit leisten. Sie bedeutet, daß das Kind einen unwiderstehlichen Drang verspürt, die «richtigen» Eltern kennenzulernen.

Scheidung

Manche in Scheidung begriffene Eltern behaupten, es sei für ihre Kinder besser, bei einem Elternteil zu leben und den anderen zu besuchen, als mit Eltern zu leben, deren Beziehung zerrüttet ist. Tragisch aber ist der Sprung von diesem Gedanken zu dem Glauben, daß Eltern die Scheidung sehr leichtgemacht werden sollte. Eltern meinen heute häufig, ihre Beziehung zueinander als Paar sei etwas, das mit dem Schicksal der Kinder überhaupt nichts zu tun habe.

Wenn Eltern sich haben scheiden lassen, können die Instinkte des Kindes über das, was für es richtig ist, mit denen der Eltern in Konflikt kommen. *Joses* Vater ließ seinen Sohn praktisch völlig fallen, als Jose drei Jahre war. Der Vater war selbst als Kind verlassen worden. Einmal jährlich sah Jose den Vater für ein, zwei Wochen, doch der Vater lebte dreitausend Kilometer entfernt, und Joses Mutter, seine alleinige Versorgerin, fühlte sich immer mehr von ihren Pflichten niedergedrückt. Als sie einen anderen Mann kennenlernte, wollte Jose instinktiv fort, um bei seinem Vater zu leben, doch seine Mutter traute dem Vater nicht und wollte ihn nicht gehen lassen.

Es ist argumentiert worden, geschiedene Eltern seien moralisch verpflichtet, im gleichen Großraum wie die Kinder wohnen zu bleiben, damit die Kinder die Beziehung zu beiden Eltern weiterführen könnten. In diesem Sinne hat sich Joses Vater, indem er so weit fortzog, eines Pflichtversäumnisses schuldig gemacht. Vater- und Muttersein bedeutet, eine Langzeitverantwortung auf sich zu nehmen. Gewiß muß jeder Einzelfall für sich beurteilt werden, aber grundsätzlich gilt: Elternpflicht bleibt Elternpflicht.

Manche Geschiedene richten es so ein, daß sie nahe beieinander wohnen, so daß die Kinderbetreuungsaufgaben gerecht aufgeteilt werden können, ohne die Kinder allzu sehr zu verwirren oder durch Hin- und Herfahrerei zu stressen. Manche lassen die Kinder sogar fest in einem Haus wohnen, und die Eltern wohnen abwechselnd bei ihnen. Scheidung ist nie ein Idealzustand, aber man kann zumindest den Versuch machen, die Elternpflichten in irgendeiner Weise gerecht auf die Partner zu verteilen.

Kinder geschiedener oder getrennt lebender Eltern haben ein empfindliches Gespür für die Unsicherheit ihrer Lage und fühlen ständig die Drohung des Ausgestoßenwerdens aus dem Familiensystem über ihrem Haupt schweben. *Dawn*, die von ihrem Mann getrennt lebte, ärgerte sich darüber, daß die Kinder immer noch gern mit ihrem Vater zusammen waren. Sie hatte das Gefühl, daß die Kinder sich gegen sie gewandt hatten, und drohte ihnen, sie ganz an den Vater abzugeben. Verblendet vom egozentrischen Bedürfnis, «Elternteil Nr. eins» zu sein, erkannte sie nicht, daß die Kinder einfach in dieser kritischen Situation testeten, wie stark die Mutter sich mit ihnen noch verbunden fühlte. Eltern sollten die gelegentliche, natürliche Ablehnung, die Kinder ihnen entgegenbringen, tolerieren und verstehen – ohne den Kindern gleich mit Verstoßung zu drohen.

Die Spannung der Scheidungssituation kann die Eltern-Kind-Beziehung tiefgreifend trüben. Eine Junge fragte seinen geschiedenen Vater: «Unterstützt du mich weiter, wenn ich jetzt aufs College gehe?» Die barsche Antwort des Vaters war: «Da muß ich erst mit meinem Anwalt sprechen.» Eine juristische Frage hatte der Junge aber nicht gestellt, hatte auch nichts eingefordert oder gedroht; die Frage hätte eine einfache, offene Diskussion verdient, keine verkrampfte, abwehrende Antwort. Für den Vater war die gesamte Situation jedoch emotional zu belastend, als daß er sachlich darüber hätte sprechen können.

Herkömmlicherweise sind es meistens die Männer gewesen, die die Familie verließen. Im Scheidungsfalle bekam die Frau das Sorgerecht für die Kinder, der Mann höchstens Besuchsrechte.

In letzter Zeit sind es auch häufig die Frauen, die aus der Familie weggehen. Ganz gleichgültig aber, welcher Partner sich zum Verlassen der Familie entschließt: Werden Freiheit und Selbstverwirklichung mit Verantwortungslosigkeit verwechselt, wird die Entscheidung destruktiv.

Bei einer Scheidung sollten – wenn irgend möglich – beide Eltern die Versorgung der Kinder zu gleichen Teilen übernehmen, denn beide sind gleichermaßen für die Kinder verantwortlich, auch wenn das eheliche Band durch Scheidung zerrissen wird. Eine Untersuchung an mehr als 18 000 Kindern alleinerziehender Eltern in den USA, durchgeführt von der *National Association of Elementary School Principals* und der *Kettering Foundation,* ergab, daß Kinder aus solchen Haushalten verhaltensauffälliger sind, mehr zu Krankheiten neigen, häufiger in der Schule fehlen und weniger leisten. Bei diesen Kindern liegt auch die Wahrscheinlichkeit höher, daß sie zu Vertrauten des Elternteils werden, bei dem sie leben, und daß sie gezwungen werden, zu früh heranzuwachsen. Sie werden ferner leichter von der Angst verfolgt, vom verbleibenden Elternteil verlassen zu werden.

Ich entsinne mich an eine Studie aus Kalifornien, durchgeführt von einem Richter, der sich Sorgen über die Leichtigkeit machte, mit der Scheidungen ausgesprochen wurden. Er richtete eine Pflichtberatung ein, der sich Paare unterziehen mußten, ehe sie die Scheidung einreichen konnten. Die Maßnahme wirkte: In einer bemerkenswert hohen Zahl von Fällen wurde die Scheidungsklage wieder zurückgezogen. Studien wie diese zeigen, daß es zur Endgültigkeit der Scheidung kreative Alternativen gibt.

Selbstmord

Selbstmord erscheint in der Kinderpsyche fast unweigerlich als Verlassenwerden und kann die verderblichsten Nachwirkungen haben. Kinder glauben oft, die Ursache für den Selbstmord gewesen zu sein. «Hätte ich mich besser betragen», denkt das Kind, «wäre Papa vielleicht noch am Leben.» Ein Mann, den ich kannte, beschwor seine Kinder unaufhörlich in Briefen, sich um ihn zu kümmern; aus unterschiedlichen Gründen taten sie es alle nicht. Als er Selbstmord beging, waren die Kinder entsetzt und fühlten sich ihr Leben lang schuldig.

Nicht nur unerledigte Pflichten hinterläßt der Selbstmörder, sondern auch ein Erbe an Schmerz und Schuldgefühlen. Ich habe Fälle erlebt, bei denen der Selbstmord eines Elternteils die Entscheidung des Kindes beeinflußt hat, selbst keine Kinder zu bekommen, und darüber hinaus die allgemeine Lebenstüchtigkeit des Kindes schwer schädigte, da es später keine Verantwortung tragen konnte. Auch Selbstmord kann offenbar zu einem sich fortpflanzenden Familienfluch werden; Kinder von Selbstmördern scheinen ihrerseits selbstmordgefährdeter. In einem Fall löste der Suizid einer Großmutter bei einem Enkelkind im Teenager-Alter einen Nervenzusammenbruch und starke Selbstmordphantasien aus.

Seelische Verlassenheit

Immer, wenn *Elisabeths* Mutter sich frustriert fühlte, sagte sie ihrer Tochter: «Wenn ich nochmal von vorn anfangen könnte, würde ich nie Kinder kriegen. Ich würde reisen und die Zeit auf mich selbst verwenden.» Dies ist ein Eingeständnis des Wunsches, das Kind zu verlassen, und wird von diesem zutreffend als offene Ablehnung interpretiert, auch wenn die Mutter das Kind nicht verläßt. Den Wunsch, vom Kind freizukommen, hat die Mutter in diesem Fall gleichwohl teilweise verwirklicht, indem sie Elisabeth nämlich vom Alter von fünf Jahren bis zum Abgang von der High School jeden Sommer zwang, in ein Ferienlager zu gehen. Dadurch hatte die Mutter im Sommer «frei». Andere Eltern verbringen viel Zeit auf Reisen und lassen das Kind in den Händen von Babysittern oder Erziehern. Ein junger Mann erinnerte sich, daß immer das Dienstmädchen seine Schulzeugnisse unterschreiben mußte, weil seine Eltern nie da waren.

Auch Eltern, die beruflich so eingespannt sind, daß sie nie Zeit für das Kind haben, verlassen es tatsächlich auch. Noch mehr Probleme schaffen «ewige Studenten», wenn sie Vater oder Mutter werden. Nicht nur, daß sie sich um die Kinder kaum kümmern können, weil sie fürs Studium arbeiten müssen; sie sind auch finanziell meist schwach auf der Brust und erlegen ihren Kindern daher ein doppeltes Opfer auf.

Wenn ein Kind die Hilfe der Eltern braucht, um eine Entscheidung zu treffen, ein Formular auszufüllen, eine Rechnung zu bezahlen, wehren manche Eltern ab: «Frag lieber deinen Vater», «Laß mich mit deinen Problemen in Ruhe», »Dafür ist Mutter zuständig». Ein Elternteil schiebt den Schwarzen Peter auf den anderen – oder auf ein anderes Familienmitglied. Praktisch bekommt das Kind nicht die Hilfe, die es braucht; es spürt die Lieblosigkeit und Gleichgültigkeit der Eltern. Eltern, die sich nicht mit den Kindern befassen wollen, haben vielfältige Möglichkeiten, sich zurückzuziehen: Drogen, Alkohol, Schlaf, eine «Mach was du willst»-Haltung, auch Krankheiten physischer oder seelischer Art, die Ausweichtaktiken sein können.

Eltern, die einem strengen Glauben anhängen, zum Beispiel dem orthodoxen Judentum, in dem verlangt wird, daß Kinder, die Andersgläubige heiraten, als tot oder verstoßen zu gelten haben, schaffen unbewußt Bedingungen für ein «Verlassen» der eigenen Kinder. Auch wenn das Kind keinen Andersgläubigen heiratet: Es weiß, daß es die Liebe seiner Eltern nur bedingt genießt, und daß hinter den Eltern die Macht der Religion steht – sie haben Gott auf ihrer Seite. Eltern, die das Kind wegen seiner religiösen Überzeugungen oder wegen der Wahl des Ehepartners ablehnen, verbarrikadieren damit unter Umständen dem Kind jeglichen Zugang zu ihnen. Wenn zwei Menschen ausgeprägt unterschiedlichen Konfessionen anhängen, ist es für sie vielleicht ein Fehler, zu heiraten. Aber darüber sollten sie selbst befinden, nicht ihre Eltern.

Kinder können auch verlassen werden, indem man sie *an* eine Religion abgibt. *Thomas'* Vater gab den Sohn in die Obhut eines religiösen Großvaters, als Thomas religiöse Neigungen zeigte und auf ein Seminar wollte. Da Thomas' Vater ganz unreligiös war, wälzte er einfach die gesamte väterliche Verantwortung ab. Was Eltern für ihr Kind empfinden, zeigt sich oft an ihren Unterlassungssünden: wenn sie etwa seinen Geburtstag vergessen, ihm keine Geschenke machen, es nicht loben, wenn es angebracht ist, es in seinen Forschungen und Interessen nicht unterstützen. Kinder, die sich der Liebe ihrer Eltern nicht sicher sind, haben oft die Phantasie, sie würden verlassen werden. *Brooke* hatte diese Angst sehr stark:

«Ich entsinne mich deutlich, daß ich einmal mit irgendeiner Krankheit im Bett gelegen habe, und meine Mutter ging einkaufen mit den Worten: ‹In einer Stunde bin ich zurück.› Die Stunde ging vorbei, und meine Angst steigerte sich allmählich zur Panik – ich zog mir ein Kleid über das Nachthemd und ging zur Tür und schrie nach ihr. Schließlich lief ich barfuß die Straße hinab und fand sie, mit einer Nachbarin schwatzend. Meine Erleichterung war unsäglich: Ich weinte sehr und sagte ihr, ich hätte geglaubt, sie käme nie mehr wieder. Bei mehreren Gelegenheiten, nachdem meine Eltern sich böse gestritten hatten, sagte meine Mutter, sie gehe jetzt, und verließ das Haus (wohl um einen langen Spaziergang zu machen). Dann klammerte ich mich an Vaters Knie, voll Angst, sie sei für immer gegangen, und bat ihn, sie zurückzuholen. Er weigerte sich stets und sagte, sie sei nicht für immer weg. Und tatsächlich, sie kam wieder. Aber wie soll ein Kind das wissen? Erstmals Angst vor dem Verlassenwerden hatte ich, meiner Erinnerung nach, ungefähr mit drei Jahren. Mein Vater reiste viel, und ich wollte ihn begleiten. In einem Fall mußte er in das Gebiet, in dem seine Eltern wohnten, und da nahm er mich mit und gab mich bei ihnen ab, während er seine Arbeit tat. Drei Tage blieb ich bei ihnen, und ich erinnerte mich an das Grauen, allein zu sein mit diesen alten, weißhaarigen Leuten in dem kalten, düsteren Haus mit seinen komischen muffigen Gerüchen. Tagtäglich weinte ich von dem Augenblick, da er mich verließ, bis zu dem Augenblick, da er zurückkehrte, überzeugt, er werde nie wiederkommen. Meine armen Großeltern haben das nie verwunden. Ich auch nicht.»

Kacey glaubte, ihre Mutter habe sie schon im Augenblick ihrer Geburt emotional im Stich gelassen und sei nie bereit gewesen, die Kraft aufzubringen, die nötig ist, eine engagierte, unterstützende Mutter zu sein. Kacey glaubte, ihre Mutter nicht einmal hassen zu können; sie hatte das Gefühl, sie habe gar keine. Wie sie es ausdrückte:

«In mancher Hinsicht war meine Mutter ein Dienstmädchen. Um meine körperlichen Grundbedürfnisse und -wünsche kümmerte sie sich. Ich hatte eine Zahnbürste und Haarbürste, Schuhe und Strümpfe. Aber alles, was darüber hinausging, ein Ohr, eine Präsenz, ein echtes Gefühl, selbst eine verletzende oder kämpfende Person, war nicht vorhanden. Ich wuchs heran, ohne zu wissen, daß Berühren und Kommunizieren angenehm sein konnte, daß die Menschen um mich herum darauf warteten, daß ich freundlich zu ihnen war. Jetzt falle ich in das Vakuum in meiner Seele, indem ich übertreibe, indem ich überkompensiere, indem ich *die Mutter* bin, der Archetyp selber mit all seinen Gegensätzen. Es kostet mich eine bewußte Willensanstrengung, mich loszureißen von der riesigen verschlingenden Rolle, die ich spiele. Ich hatte keine Mutter, deshalb muß ich allen, denen ich begegne, Mutter sein.»

Manche Kinder in ähnlicher Lage haben die Phantasievorstellungen, Waise oder Adoptivkind zu sein. *Liz* hatte eine derart katastrophale Beziehung zu ihren Eltern, daß sie wünschte, sie *wäre* verlassen worden; und seelisch war sie es tatsächlich. Sie erzählte mir, als Kind habe sie die Phantasie gehabt, sie stamme direkt von ihrer Großmutter ab – die sie anbetete, und ihre Eltern hätten mit ihrer Geburt nichts zu tun.

Eine Fünfjährige hatte mitten während der Scheidung ihrer Eltern folgenden Traum, in dem ihre Angst zum Ausdruck kam, von den Eltern vernachlässigt oder verlassen zu werden:

Ich bin in einem Teich mit meiner Mutter, und sie läßt mich los, aber ich ertrinke nicht. Ich schwimme. Auch mein Vater ist da. Er spricht mit sich selbst am Telefon.

In diesem Traum wird die Kleine – die in Wirklichkeit nicht schwimmen kann – von der Mutter enttäuscht, die sie losläßt, und vom Vater, der sie nicht beachtet und nur Selbstgespräche führt. Freilich hat dieser Fall ein glücklicheres Ende als manch anderer: Das Mädchen merkt, daß es aus eigener Kraft zurechtkommt.

Das sichere Kind fühlt sich getragen vom Vertrauen, daß seine Beziehung zu den Eltern und die Beziehung der Eltern untereinander stark und belastbar ist. Der Hauptsinn elterlicher Erziehung und «Liebesmüh'», die Grundaufgabe der Eltern, ist die Herstellung einer inneren Gewißheit im Kind, daß die Familie überleben wird. Diese Sicherheit gründet sich auf die Zeit- und Kraftinvestitionen der Eltern in die Beziehungen, ferner auf die (intuitive) Erkenntnis des Kindes, daß die Eltern ihre Aufgaben engagiert an- und wahrnehmen.

Krankheit und Tod

Die Auseinandersetzung mit dem Tod

Unweigerlich wird das Kind irgendwann mit Sterbefällen in der Familie konfrontiert. Der Tod eines Elternteils, eines Bruders oder einer Schwester wird auf das Kind fast immer einen zutiefst schockierenden Eindruck machen. Eltern können solche Tragödien und ihre vielfältigen Erschütterungen nicht verhüten; sie können nur versuchen, die traumatischen Wirkungen zu erkennen und diese mit dem Kind auf eine für seine Entwicklung zuträgliche Weise durchzuarbeiten. Um dem Kind in seiner Trauer zu helfen, müssen die Eltern zunächst einmal selbst mit Verlusten fertig werden können; der Fluch einer schlecht verarbeiteten Trauer wird fast sicher auf das Kind durchschlagen.

Eltern, derer Beziehung stark symbiotisch ist, schaffen Probleme für ihre Kinder. Die Kinder fürchten unter Umständen: Wenn einer stirbt, folgt der andere bald nach. Dies geschieht auch wirklich manchmal. *Danas* Vater starb an Krebs, und die Mutter starb wenige Monate darauf an gebrochenem Herzen. Wenn Eltern restlos voneinander abhängig sind, können Kinder den Eindruck gewinnen, das Leben sei ohne eine allumfassende Bindung nicht lebenswert, Beruf und Kinder und Freunde seien vergleichsweise unwichtig und der Tod des Partners stelle eine existentielle, unüberwindliche Tragödie dar, von der man sich nie wieder erholt.

Wenn beim hinterbliebenen Partner die Wunde nicht heilt, die der Tod des anderen schlägt, dann zieht er das Kind in einem trüb-düsteren Klima der Einsamkeit groß und vermittelt ihm ein verzerrtes Bild von Tod, Trauer und Liebe. Bewahren sich Menschen ein Gefühl des Eigenwertes, unabhängig vom Partner, dann werden sie nicht so hilflos sein, wenn der Partner stirbt, und werden den Verlust mit Freunden und Angehörigen durcharbeiten können.

Eine fünfundvierzig Jahre alte Frau, die ich kenne, fühlte sich jahrelang verpflichtet, ihre Eltern jedesmal anzurufen, ehe sie in die Ferien fuhr, und eine Telefonnummer zu hinterlassen, damit sie erreichbar ist, falls die Eltern starben. Kinder müssen frei werden, ihr eigenes Leben – «für sich» – leben zu können. Man kann nicht erwarten, daß sie all ihr Handeln auf die Möglichkeit des elterlichen Todes ausrichten (es sei denn, ein solcher Tod droht akut). In vielen Fällen kommen die Themen «Tod» und «Krankheit» ins Gespräch, um Kindern Mitgefühl und Aufmerksamkeit abzuringen, während die Eltern eigentlich noch gesund sind. Ein leichtes Herzklopfen kann dazu ausgenutzt werden, zu sagen: Wenn du den Beruf X ergreifst, die Frau Y heiratest, auf die lange Reise Z gehst, kriege ich sicher einen Herzinfarkt.

Bettys Eltern schürten in ihrer Tochter die Angst, sie könnten sterben, solange sie noch klein war, und diese Angst nahm lähmende Proportionen an. Nachdem ihr Vater dann tatsächlich gestorben war, hatte sie das Gefühl, alles, das ihr etwas bedeutet, sei in Gefahr. Sie ertappte sich dabei, daß sie ihrem Freund Geld schenkte, damit er seine Spielschulden bezahlen konnte. «Ich konnte einfach nicht anders», sagte sie; sie fürchtete, er werde von Gangstern bedroht. Bettys Phobie wurde zu einem schweren Problem für sie, als sie als Lernschwester im Krankenhaus arbeitete – sie hatte Angst, daß alle ihre Patienten starben. Die Angst vor dem Tod stand im Mittelpunkt ihres Lebens und führte zu einem Nicht-akzeptieren-Können der Sterblichkeit, was dann ironischerweise gerade ihre Lebensfreude und Lebenstüchtigkeit beeinträchtigte.

Manchmal merken Kinder, daß ein besonders selbstsüchtiger Elternteil gierig auf den Tod eines Anverwandten wartet. *Sally* merkte angewidert, daß alle fünf Kinder ihrer Großmutter einfach nur auf ihre Erbe warteten, und daß ihre Mutter – obwohl gleichaltrig mit dem Vater – den Vater offen drängte, ihre Lebensversicherung aufzustocken, damit sie nach seinem Tode gut versorgt wäre und reisen könnte.

Familien sollten nach Todesfällen eigentlich wieder Heilung finden können, es sei denn, ein Elternteil ist wie in Sallys Fall egoistisch und scheint kein Bestreben zu haben sich zu ändern. Heilung ist möglich, wenn die Familie zusammenarbeitet und die Eltern als Leitfiguren im Trauerprozeß fungieren. Kinder können und sollten in solchen Zeiten extra Unterstützung und Zuwendung bekommen. Eltern tun gut daran zu erkennen, daß das Familiensystem durch die Einsichten, die aus ehrlicher Konfrontation mit Krankheit und Tod gewonnen werden, gestärkt werden kann. Sich des Todes gewahr zu werden, verbindet Menschen mit dem Leben und verbindet Familienmitglieder miteinander. Vielleicht ist erst eine Krise nötig – Krankheit, Verletzung, Tod –, bevor eine Familie dazu veranlaßt wird, seine Aufgaben neu zu bewerten und lebensverbessernde Wege einzuschlagen.

Krankheit in der Familie

Wenn es in der Familie Schmerz gibt, empfinden ihn alle. In der schwierigen Situation eines Krankheitsfalles in der Familie fühlen sich Kinder oft beraubt und vernachlässigt. Da ein Kranker oder Behinderter besonders viel Betreuung, Zeit und Geld von den Eltern braucht, können sich die anderen Kinder betrogen vorkommen.

Wegen des Asthmas ihrer Schwester mußte *Gretas* Familie ein chaotisches, fast nomadisches Leben führen. Als die Krankheit des Kindes einsetzte, litt die ganze Familie. Bei den Ortswechseln ging viel Geld und viel Sicherheit verloren, und Gretas Eltern versuchten nicht, ihre Zeit und Kraft gleichmäßig auf die anderen Familienmitglieder zu verteilen. Zwar sah Greta vom Verstand her ein, daß die Gesundheit ihrer Schwester die Umzüge notwendig machte, fühlte sich aber dennoch betrogen und beschloß, nie Kinder zu bekommen – sie könnten ja krank werden.

Jasons ganzes Familiensystem war darauf ausgerichtet, den Vater zu schützen. Obschon der Vater nie über seine Krankheit sprach, wußte durch Anweisungen der Mutter immer jeder Bescheid: «Stört Vater nicht. Er ist wieder krank.» Sie gab sogar für ihren Mann Antworten, wenn dieser gefragt wurde. Jason konnte nie eine persönliche Beziehung zu seinem Vater gewinnen. Seine Eltern waren immer zu beschäftigt oder zu krank, um sich um ihn zu kümmern.

Daß sich ein Kind vernachlässigt vorkommt, mag unbegründet anmuten, wenn seine unmittelbaren seelischen und körperlichen Bedürfnisse befriedigt werden. Steht aber *ein* Kind offenkundig im Brennpunkt der Sorge, dann müssen die Eltern bewußt einer Zurücksetzung der anderen Kinder entgegenwirken; sie müssen sie wissen lassen, daß sie ebenso geliebt werden, und sie zur aktiven Mithilfe und Beteiligung am Familienleben ermutigen.

Manipulationshebel Schuldgefühl

Krankheit und Tod, schon schwierig zu bewältigen, werden von Eltern recht häufig als manipulatives Druckmittel eingesetzt. Manche Eltern beherrschen die Kinder durch Schuldgefühle: «Wenn du nicht tust, was ich sage, bringst du mich noch um.» Dieses Spiel läßt sich spielen, indem die Eltern beispielsweise eine Krankheit erfinden oder eine vorhandene Krankheit aufbauschen. Nicht selten bekommen Eltern dieses Schlages ein Herzleiden und benutzen es dann als Hebel, um ihren Willen durchzusetzen.

Allans Mutter beherrschte diese Methode virtuos. Sie war darauf aus, den Sohn zu sich zurückzuziehen und dazu zu bringen, daß er sich um sie kümmerte. So kam es, daß er in ihrer Gegenwart das Gefühl hatte, sich verloren zu haben, als habe ihm die Mutter alle psychische Energie ausgesaugt. Wenn Allan der Mutter nicht jeden Wunsch von den Augen ablas, fühlte er sich schuldig, als sei er ein schlechter Sohn. «Nach allem, was ich für dich getan habe», pflegte sie zu sagen. «Du wirst es bereuen, wenn ich tot bin.» Auch *Jeffs* hypochondrische Mutter, die vor Jahren einmal an rheumatischem Fieber gelitten hatte, lamentierte immer wieder: «Ich lebe ja sowieso nicht mehr lange, also...» Jeff erzählte mir, seine Mutter liege, so scheine es ihm, wohl schon seit ihrer Geburt im Sterben. Auch viele Väter singen das «Todeslied»; sie täuschen eine Krankheit vor, wenn sie Liebe oder Zuwendung von ihren vielbeschäftigten Kindern haben wollen.

Kranke Eltern suchen ihre Kinder manchmal zu ihren Dienstboten abzurichten. Nach schweren Operationen etwa machen sie das Kind zum Pfleger. *Robins* Mutter hatte eine Brustamputation hinter sich, und Robin übernahm die komplette Verantwortung für ihre Heilung. Unter diesem Druck vernachlässigte Robin die eigenen Bedürfnisse in destruktiver Weise.

Andere Kinder werden gezwungen, die gesamte Hausarbeit zu übernehmen, jüngere Geschwister zu versorgen, für die Familie Geld zu verdienen, wenn ein Elternteil krank wird oder stirbt. Manchmal ist es für ein Kind gesund, im Dienst der Eltern zu arbeiten; ungesund wird es, wenn dieser Dienst zum Hauptbrennpunkt der Eltern-Kind-Beziehung wird.

Früher hatte das letzte Kind in der Familie die Verantwortung, die Eltern zu versorgen und die Stütze ihres Alters zu sein. Heute sollten Eltern aber nicht mehr Kindern automatisch Dinge abverlangen, die ihnen zum Schaden gereichen könnten. Ältere Leute sind manchmal zwangsläufig anspruchsvoller. Das ist ein starkes Argument dafür, daß Eltern Kinder bekommen sollen, solange sie selbst noch recht jung sind. Sonst werden die jüngeren Kinder fast automatisch allzu früh zu Versorgern und Betreuern.

Wer Ende der vierzig noch Vater oder Mutter wird, bringt seine Kinder womöglich in die Zwangslage, um die zwanzig herum, in der Zeit ihrer Abnabelung vom Elternhaus, den Eltern bereits Altershilfe leisten zu müssen. Eltern können für ihr Alter planen, solange sie selbst noch jung sind, so daß den Kindern nicht die «elterliche Versorgung» der alternden Eltern aufgebürdet wird. Durch solche Planung und Voraussicht demonstrieren Eltern, daß sie wissen, daß junge Leute ein Eigenleben führen müssen.

Disziplinierung als Erziehungsstil

Entwicklung eines Disziplinarstils

Ein Kind an Disziplin zu gewöhnen und seinem Verhalten Schranken aufzuerlegen, gehört zu den wichtigsten Seiten der elterlichen Arbeit. Jede Kultur stellt bestimmte Anforderungen an ihre Mitglieder, und Kindern muß dazu verholfen werden, zu lernen, wie man diesen Anforderungen gerecht wird. Freud schreibt:

> «Das Kind soll Triebbeherrschung lernen. Ihm die Freiheit zu geben, daß es uneingeschränkt allen seinen Impulsen folgt, ist unmöglich. Es wäre ein sehr lehrreiches Experiment für Kinderpsychologen, aber die Eltern könnten dabei nicht leben und die Kinder selbst würden zu großem Schaden kommen, wie es sich zum Teil sofort, zum Teil in späteren Jahren zeigen würde» («Neue Folge der Vorlesungen zur Einführung in die Psychoanalyse», *Gesammelte Werke*, Bd. XV, S. 160).

Die beiden von Eltern bei der Entwicklung ihres Erziehungsstils zu beachtenden Schlüsselelemente sind: Wirksamkeit und Fairneß. Eltern müssen sich bewußt sein, daß ihr Disziplinarstil fortwährend vom Kind kritisch begutachtet wird. Sie müssen sorgfältig abwägen, ob ein erzieherischer Akt sein Ziel erreicht und ob die Strafe dem Vergehen angemessen ist. Eltern, die das Kind überdisziplinieren, bedrohen es; das Kind erlebt die überharte Bestrafung zu Recht als Kindesmißhandlung. *Jeff* berichtete, wie weh es ihm tat, als er für eine Missetat seiner Schwester ungerecht bestraft wurde. Er weinte, nicht weil sein Po schmerzte, sondern aus der Wut und Pein heraus, die die Ungerechtigkeit seiner Eltern ihm bereitete, und aus der Bitterkeit, von ihnen mißhandelt worden zu sein.

Jede Familie braucht einen Disziplinarstil – und es sollte klar sein, was passiert, wenn irgendein Familienmitglied die Grenzen überschreitet. Was Eltern faktisch tun, um ein Kind zu disziplinieren, ist weniger wichtig als das, was das Kind von ihnen *erwartet*. Ist es ein einziges Mal roh behandelt worden, lebt es – auch wenn es nie wieder hart angefaßt wird – unter der fortwährenden Drohung der Gewalt, weil es damit rechnet, daß sie sich wiederholt.

Ob die vielzitierten «körperlichen Züchtigungen» gesund sind oder nicht, ist schwer zu entscheiden. Ein rascher Klaps auf die Hand eines Dreijährigen, der eine Lampe kaputt macht, kann sicherlich ratsamer und effektiver sein, als ihm mit Vernunftsgründen zu kommen. Wie in allen Erziehungssituationen muß man nach der Alters-Angemessenheit der Maßnahme fragen. Die meisten Eltern pflegen ein definitives Alterslimit zu setzen, jenseits dessen körperliche Züchtigung nicht mehr entwicklungsdienlich ist.

Es gibt Probleme zu bedenken, wenn Eltern zu körperlichen Strafen greifen. Das Kind kann dazu gebracht werden, «Problemlösen» mit «physischer Gewalt» zu assoziieren. Auch kann die physische Strafe außer Kontrolle geraten und zur Kindesmißhandlung werden. Wie die Kempes schreiben: «Keine Bestrafung ist annehmbar, wenn sie dem kleinen Kinde Schmerz zufügt» (S. 95). Sie sagen weiter:

«Mißhandelnde Eltern halten physische Bestrafung auch für eine richtige Methode, mit ihren Babys fertig zu werden. Vielleicht lassen sie entmutigt ab, wenn Schläge offensichtlich nichts fruchten, aber im Grunde sehen sie keine Alternative und kriegen Depressionen ob ihres eigenen Verhaltens und der Reaktionen des Babys. Hilflos drehen sie sich in diesem Teufelskreis aus Bestrafung, Verschlechterung der Beziehung, Frustration und neuerlicher Bestrafung» (S. 25).

Beispiele für Disziplinarstile anderer Art sind unter anderem: Verhandlungen mit dem Kind; verschiedene Arten psychologischen Zwanges wie zeitweiliger Entzug der dem Kind entgegengebrachten positiven Gefühle; Zorn auf das Kind; kreativer Einsatz begrenzter Schuldgefühle. «Wir sind von dir enttäuscht» kann ein wirksames Disziplinierungsmittel sein, wenn ein Kind sich falsch verhalten hat, vorausgesetzt, das Mittel wird nicht allzu häufig verwendet. Wenn ein Kind nämlich glaubt, daß es seine Eltern chronisch enttäuscht, kann es einen Minderwertigkeitskomplex bekommen.

Missetaten gerecht zu bestrafen und Streit und Probleme in der Familie unparteiisch beizulegen, ist eine schwierige Aufgabe für die meisten Eltern. Viele äußern Unsicherheit, welcher Stil am besten sein Ziel erreiche, ohne übertrieben hart oder unfair zu sein. Abgesehen vom Verbot extremer körperlich-seelischer Grausamkeit (Prügel, giftige Beschimpfungen, Androhung physischer Gewalt oder des Verstoßens) gibt es keine allgemeinen Regeln für einen guten Disziplinarstil; es gibt nur Leitlinien. Die wichtigste Leitlinie lautet, daß die Eltern feststellen, was in ihrer Familie in einer gewissen Situation «wirkt», ohne daß das Kind körperlich oder in seiner Persönlichkeit mißhandelt wird. Eltern, die unwirksam disziplinieren, müssen ihren Disziplinarstil kritisch überprüfen. Strafen ohne Resultate bedeutet Mißhandlung. Die Wirksamkeit erzieherischer Maßnahmen muß an den Ergebnissen gemessen werden, nicht an den Absichten der Eltern. Alle Maßnahmen sollen zielorientiert sein.

Direkte Disziplinierung

Will das Kind nicht hören, sehen sich Eltern oft zu einer Steigerung der Mittel genötigt. Die Drohungen werden schärfer; viele Eltern greifen zu Formulierungen wie «Wenn du nicht aufhörst zu heulen, dann kriegst du was, worüber du richtig heulen kannst», was häufig das Vorspiel körperlicher Mißhandlung ist.

Mit harten Strafen suchen Eltern das Kind vom Weinen abzubringen, rufen dadurch aber oft nur noch mehr Tränen hervor. Bei anderen Eltern ist die Gewalt eher verbal. Immer, wenn sich *Ned* als Kind falsch benahm, reagierte sein Vater mit der verrückten Drohung: «Wenn du das nochmal machst, hacke ich dir die Hände ab.» Einer meiner Patienten wurde von seiner Großmutter immer auf italienisch beschimpft: «Ich hätte dich erwürgen sollen, dir in der Krippe den Hals umdrehen sollen. Du Balg, du Hurensohn, du Hornochse. Ich breche dir das Genick.» Manche Eltern schüchtern das Kind mit einer Aura extremer Gewalt und unkontrollierter Wutausbrüche so ein, daß keine Notwendigkeit mehr besteht, das Kind zu schlagen. Schon das elterliche Stirnrunzeln reicht dann, um das erwünschte Verhalten hervorzubringen.

In der Art des Kindes, die Eltern in Rage zu bringen, spiegelt sich häufig der Strafstil der Eltern selbst wider. Wenn Eltern beispielsweise ihr Kind strafen, indem sie es demütigen, entweder durch öffentliches Zurschaustellen ihrer Mißbilligung (Strafen vor den Augen der Freunde) oder durch einen Strafstil, der an sich demütigend ist (ins Gesicht zu schlagen), dann demütigt das Kind ironischerweise umgekehrt die Eltern oft dadurch, daß es in der Öffentlichkeit Wutanfälle bekomt und sich bei Verwandten- und Freundesbesuchen danebenbenimmt.

Malcolm war ein chaotisches Kind, und seine Mutter versuchte unablässig, aber erfolglos, ihn zu disziplinieren, indem sie ihn drängte, sein Zimmer aufzuräumen und sein Äußeres in Ordnung zu bringen. «Ewig hat sie mir im Nacken gesessen», erzählte er mir. Vergeblich; die Disziplinierungsversuche hatten nur zur Folge, daß Malcolm noch schlampiger wurde. Indem sie ihn anschrie und auf ihn eindrang, stärkte sie seine Widerstände und erreichte genau das Gegenteil dessen, was sie beabsichtigte. Malcolm räumte nicht nur nicht auf, sondern hörte auch auf, ihr zuzuhören.

Manche Eltern verhören die Kinder immerfort mit Polizeimethoden, um sie bei Lügen zu ertappen. *Kevins* Mutter pflegte ihren Sohn zu fragen, ob er Klavier geübt habe; hatte er nicht geübt und sagte, er habe doch, dann eröffnete sie ihm, sie habe die Notenhefte in einer gewissen Reihenfolge übereinandergestapelt und daran gemerkt, daß sie nicht angefaßt worden seien. Anschließend fing sie an zu weinen und jammerte, Kevin liebe sie nicht, weil er sie angelogen habe. In dieser Situation sollten Eltern direkt sagen: «Du hast heute nicht geübt, das merke ich doch.» Eltern müssen Kindern anerziehen, wann Falschheiten legitim sind (als Schutzmittel gegen unerwünschte Zudringlichkeit; zur Geheimhaltung, wenn jemand überrascht werden soll) und wann nicht. Besonders sorgfältig sollten sie darauf achten, dem Kind nicht zu suggerieren, daß sie ihm grundsätzlich mißtrauen, wie es Kevins Mutter tat.

Schwerere Probleme ergeben sich, wenn Eltern immer gleich zu körperlichen Strafen greifen, obwohl andere Lösungen gefordert sind. Manche Eltern halten die «Tracht Prügel» noch immer für das einzige probate Erziehungsmittel. *Davids* Vater gab dafür ein Paradebeispiel ab: Als Davids Sprachtherapeut dem Vater sagte, hinter Davids Stottern stünden psychische Probleme, erwiderte er: «Das Kind braucht keine Psychotherapie, sondern eins hinter die Löffel.»

Wenn Eltern die Herrschaft über ihre Impulse verlieren und zu körperlicher Gewalt greifen – das Kind ins Gesicht schlagen, kneifen oder sonstwie körperlich attackieren –, ist das ein Zeichen für elterliche Unzulänglichkeit. Eltern, die nicht liebevoll oder flexibel genug sind, um zu erkennen, daß sie dem Kind helfen sollten, sein Fehlverhalten zu ändern, lassen oft ihre eigene Wut und Frustration an dem Kind aus, das den falschen elterlichen Stil unweigerlich übernimmt. Ein Mädchen verinnerlichte diesen Stil so sehr, daß es sich immer gleich selbst ohrfeigte und »Du böses Kind» sagte, wenn sie mit dem eigenen Verhalten unzufrieden war. Gewalttätige oder extreme Bestrafung für Zwangsverhalten, welches das Kind nicht kontrollieren kann (Daumenlutschen, Bettnässen, Masturbation), kann ebenfalls masochistische Tendenzen und niedrige Selbstachtung erzeugen.

Indirekte Disziplinierung

Disziplinieren ist unverzichtbar. Manche Eltern handhaben diese Seite jedoch auf eine Art und Weise, daß sie später behaupten können: «Ich habe dich nie gestraft.»

Manche Eltern, die bei ihren Kindern immer in hoher Gunst stehen wollen, haben Angst, daß die Kinder sie verwerfen und nicht mehr lieben, wenn sie zu Strafen greifen. Solche Eltern steuern das Verhalten der Kinder indirekt. *Erichs* Eltern disziplinierten ihn durch Gouvernanten, die strenge Anweisungen bekamen, welches Verhalten bei ihm erwünscht war und was sie tun sollten, wenn er es nicht zeigte. Sein Vater sagte ihm einfach: Tu alles, was die Gouvernante dir sagt. Manche Eltern schieben den anderen Elternteil als Zuchtmeister vor: «Das sieht deine Mutter gar nicht gern»; «Das wird deinem Vater nicht gefallen»; «Papa versohlt dich, wenn er nach Hause kommt.» All dies sind indirekte Disziplinierungsweisen.

Wenn Eltern ihre wahren Absichten «auf Umwegen» mitteilen, schwächen sie die Fähigkeit des Kindes, selbstbewußt zu seiner eigenen Verteidigung aufzutreten. Dieser Disziplinierungsstil sieht in der Praxis manchmal folgendermaßen aus. Wenn die Eltern dem Kind irgend etwas Negatives zu sagen haben, sagen sie es in Hörweite des Kindes, aber sie konfrontieren das Kind nicht direkt. Das Kind glaubt dann bewußt, die Eltern hätten nicht gewollt, daß es mithört, und glaubt sich eventuell der Lauscherei schuldig. Dabei wollen die Eltern durchaus, daß es mithört; sie wollen nur seine Reaktion nicht hören.

Andere Eltern haben beim Disziplinieren Schwierigkeiten, konsequent zu sein. Ein Beispiel erlebte *Val*: Von Zeit zu Zeit bekam ihr Vater irrationale Wutausbrüche, weil er versucht hatte, all seinen Frust und Zorn in sich aufzustauen. Dann pflegten ihn schwere Schuldgefühle zu überkommen, und er setzte sich in eine Ecke. Nach einer Weile bat er Val immer um Verzeihung. Sie weigerte sich dann immer und «ließ sich bitten», sich zu ihm auf den Schoß zu setzen, gab am Ende aber nach und tröstete ihn, weil er sich nach seinem strafenden Wutausbruch so niedergedrückt fühlte.

Um wirksam zu disziplinieren, müssen Eltern mit ihren eigenen Wutgefühlen umgehen können und dürfen ihren Zorn innerhalb des Familiensystems ruhig einmal als Mittel einsetzen, falls erforderlich. Solange der Zorn nicht irrational ist, kann das Kind von der elterlichen Zornesäußerung lernen. Es ist nicht falsch, dem Kind entmutigend schwierige Aufgaben zu übertragen oder es zu bestrafen, solange es weiß, daß sein Leiden einen Sinn hat. Erik Erikson sagt es in *Childhood and Society* so:

«Eltern müssen nicht nur einen sicheren Führungsstil durch Verbot und Erlaubnis haben; sie müssen auch imstande sein, dem Kind eine tiefe, eine fast somatische Überzeugung zu vermitteln, daß das, was sie tun, Sinn hat. Neurotisch werden Kinder letzten Endes nämlich nicht durch Frustation, sondern durch das Fehlen oder den Verlust eines gesellschaftlichen Sinnes in diesen Frustrationen» (S. 249 f.; dt. Übers.).

Fehlende Disziplinierung

Eltern, die ihr Kind überhaupt nicht disziplinieren, schaffen ebenfalls Probleme. Eine Frau mit fünf Kindern liebte ihren Jüngsten eindeutig am meisten und schützte ihn mit Zähnen und Klauen vor Angriffen, echten und eingebildeten. Ständig ging sie in die Schule des Jungen und führte Klage, dieser und jener Lehrer habe ihn ungerecht behandelt, dieses und jenes Kind habe ihn tyrannisiert. Der Sohn wuchs zum Unruhestifter heran. Er tat alles, was ihm in den Sinn kam, weil er ja wußte, daß seine Mutter ihm den Rücken stärken und ihn verteidigen würde. Er war so erzogen, daß keine Notwendigkeit dazu bestand, Verantwortung für das eigene Handeln zu übernehmen.

Eltern, die zum Kind nie nein sagen können, leisten ihm einen

Bärendienst. In bestimmten Stadien ihrer Entwicklung müssen Kinder gegen die Eltern anarbeiten. Kinder brauchen eine feste Basis, von der sie sich abstoßen und dann wachsen können.

Eltern, die ihr Kind disziplinieren wollen, tun dies manchmal auf schwache, schwankende Art. Ihr Kind erlebt von ihnen eine zwiespältige Reaktion auf eine eindeutige Lage. Besteht die Notwendigkeit zum Disziplinieren, müssen Eltern ihren Willen durchsetzen; Kinder brauchen Kontrollen und Richtlinien.

Manches Verhalten ist bestimmten Altersgruppen angemessen, anderen nicht. Ein Vater entdeckte unter der Matratze seiner neunjährigen Tochter einige seiner Pornohefte und wußte nicht, was er ihr sagen sollte, obwohl er wußte, daß es wichtig war, daß er in dieser Situation etwas unternahm. Viele Gegenstände im Haushalt sollten von Kinderhänden ferngehalten werden. Merkt ein Vater, daß sein Zwölfjähriger einen Zweitschlüssel zu seinem Auto hat, sollte er ihm den Schlüssel ohne Zögern abnehmen. Dies gilt für alle Gegenstände und Stoffe, die ungesund für ein Kind wären – Zigaretten, Alkohol, Medikamente. Kinder haben keinen automatischen Freibrief für alles, was die Eltern tun; manches Verhalten ist eben erwachsenenspezifisch. Es ist nicht immer ein Zeichen für Doppelmoral, wenn Eltern für das Kind andere Verhaltensnormen haben als für sich selbst. Die Normen sollten lediglich altersgemäß sein und der Situation jedes Familienmitglieds angepaßt sein.

Möglich auch, daß Eltern es schwierig finden, sich in einer bestimmten Situation auf die richtige Disziplinarmaßnahme zu einigen. Widersprechen Eltern einander darin zu oft, kann das Kind verwirrt werden und kann anfangen, einen Elternteil gegen den anderen auszuspielen und zum Keil in der elterlichen Beziehung zu werden. *Neil* und seine Frau besuchten mit ihrem Sohn ein Museum, und der Kleine begann herumzurennen, laut zu rufen und sich wild zu betragen. Er stieß ein Ausstellungsstück um, das Neil gerade noch auffangen konnte, ehe es zu Boden fiel. Neil packte den Jungen und befahl ihm, sich in die Ecke des Saales zu stellen und sich nicht zu rühren, bis er ruhiger geworden sei. Seine Frau, so erzählte er mir, unterstützte ihn darin nicht nur nicht, sondern sah ihn auch noch wütend an, weil er das Kind in der Öffentlichkeit strafte. Zwar ist es wichtig, das Kind möglichst nicht in Verlegenheit zu bringen, aber wenn das Kind in der Öffentlichkeit etwas tut, das sofortiges Eingreifen erfordert, dürfen die Eltern nicht zögern. In diesem Fall hätten beide Eltern beim Disziplinieren des Kindes zusammenarbeiten sollen. Später, bei anderer Gelegenheit, wollte Neil seinen Sohn wegen einer äußerst unreifen Handlung vom Eßtisch fortschikken. Der Sohn weigerte sich und blickte unterstützungssuchend die Mutter an. Neil forderte seine Frau auf, Stellung zu beziehen, und sie stellte sich auf die Seite ihres Mannes, womit sie ihre Gewohnheit, das Kind zu favorisieren, wirkungsvoll durchbrach.

Wenn Eltern nicht an einem Strang ziehen, kann das Kind die Neigung entwickeln, die Partei eines Elternteils zu ergreifen und sich mit diesem zu identifizieren. Auch diese Verhaltenskette wird sich solange fortsetzen, bis ein Glied der Kette zerrissen wird. *Mathildes* Mann schlug seine Frau, bis sie eines Tages erklärte, sie werde ihn verlassen, wenn er noch ein einziges Mal die Hand gegen sie erhebe. Er tat es nicht mehr, aber seine Tochter griff nun sein Verhalten auf und begann Mathilde zu schlagen. Eine Zeitlang schaute ihr Mann tatenlos zu, und die Tochter agierte die Aggression des Vaters aus. Doch als er ihr dann befahl, aufzuhören, hörte sie sofort auf.

Als der zwölfjährige *Kris* im Haus beim Rauchen erwischt wurde, war die Mutter aufgebracht, der Vater aber lachte nur und nannte es ein Zeichen jugendlicher Rebellion. Hier schloß der Vater eine unangebrachte Koalition mit dem Kind, nahm Partei gegen die Mutter und verweigerte ihr den Rückhalt und die Unterstützung, die sie brauchte. Eine Eltern-Kind-Koalition dieser Art ist ein Zeichen, daß der betreffende Elternteil in Straf- und Disziplinfragen zu nachsichtig ist. Die Zunahme der «Elternmißhandlungen» in meinem Heimatland USA deuten darauf hin, daß die Achtung vor den Eltern, in fast allen Familien einst eine fraglose Voraussetzung, im Schwinden begriffen ist. Im demokratischen Familiensystem verdient jedes Mitglied, mit Achtung behandelt zu werden.

Natürlich müssen Eltern nicht immer ein und derselben Meinung sein. In vielen Fällen ist Meinungsverschiedenheit «gesund» und manchmal auch ganz unausweichlich. Differenzen zwischen Familienmitgliedern müssen per Verhandlung beigelegt werden. Zuweilen ist es gut für ein Kind, verschiedene Standpunkte zu hören, zu erkennen, daß die Eltern Individuen und nicht nur ein Team sind. In Situationen jedoch, wo ein handgreifliches Problem ansteht, braucht und verdient das Kind mehr als nur eine ambivalente Reaktion.

Eifersucht

Familien sind natürlich Brutstätten für Eifersucht. Eltern können ihren Kindern helfen, den Übergang vom «Einzelkind» zum «Kind unter mehreren» gut zu bewältigen, doch ganz ohne Eifersucht geht es nie ab, wenn Familienzuwachs kommt. Es wird in der Familie immer ein gewisses Maß konkurrierender Rivalität geben. Das ist unumgänglich, wenn Menschen auf engem Raum zusammenleben. Eifersucht kann entstehen bei chronischer Ungleichbehandlung von Familienmitgliedern, bei unfairer Verteilung von Familienressourcen (Zeit, Kraft, Geld) und bei offener Günstlingswirtschaft, wenn die Eltern ein Kind auf Kosten der anderen ganz eindeutig bevorzugen.

Allerdings gibt es Fälle, in denen Eifersucht nicht aus realer Ungleichbehandlung in der Familie, sondern aus dem Grundbedürfnis des Kindes nach elterlicher Liebe erwächst. Das geschieht, wenn in der Eltern-Kind-Beziehung wenig Liebe herrscht. Die Ursache, daß es sich nicht geliebt fühlt, mag das Kind dann darin vermuten, daß jemand anders in der Familie alle Zuneigung einheimst. Vielleicht vernachlässigen aber die Eltern *alle* Kinder.

Um Eifersucht in der Familie vorzubeugen, müssen Eltern nicht unbedingt alle Kinder exakt gleich behandeln – besonders nicht, wenn ein größerer Altersunterschied zwischen den Kindern liegt. Eltern, die ein Kleinkind und ein mehrere Jahre älteres Kind im «Partnerlook» kleiden, gehen das Risiko ein, daß das ältere Kind sich wie ein Baby behandelt vorkommt. Kinder unterschiedlichen Alters werden von Natur aus unterschiedliche Schlafenszeiten, Privilegien und Verantwortlichkeiten in der Familie haben, aber diese Entscheidungen sollten mit Fairneß getroffen werden und nicht nur im Hinblick darauf, was den Eltern am besten ins Konzept paßt.

Wenn Eltern einem Kind etwas schenken, das eigentlich Gemeinschaftseigentum sein sollte, können sie Eifersucht schaffen. *Rosemarys* Eltern kauften Rosemarys Schwester einen Hund als Alleinbesitz. Der Hund biß Rosemary, und die Bisse mußten bei drei verschiedenen Gelegenheiten genäht werden. Ihre Eltern griffen nicht ein; sie hatten kein Gespür dafür, daß ihr Geschenk an die ältere Tochter eine unfaire und gefährliche Situation für das jüngere Kind schuf.

Auch unangemessene Strafpraktiken können in einer Familie Eifersucht schüren. Ein Beispiel: Ein Junge benahm sich schlecht und durfte daraufhin nicht zu einem Profi-Basketballspiel, auf das er sich sehr gefreut hatte. Zur Verschärfung der Strafe nahmen die Eltern statt seiner die Schwester mit. So mußte sie – die auf das Spiel gar keinen Wert legte – die Zielscheibe für die Eifersucht ihres Bruders abgeben. Ihre Eltern hatten sie in eine Position hineinmanövriert, in der sie die Aggression abbekam, die sie im Sohn erzeugt hatten.

Eine vierunddreißigjährige Frau bekam von ihrer Mutter gesagt: «Halt bloß die Augen offen – deine Schwester wird dich einholen und überholen.» Diese Eltern förderten Eifersucht, als ob Entwicklung ein familiäres Wettrennen sei, mit Gewinnern und Verlieren.

Manche Eltern merken nicht einmal, wenn sie Günstlingswirtschaft treiben. *Sanfords* Mutter sagte bei Sanfords Hochzeit im Beisein ihrer anderen Kinder und ihres Mannes: «Dies ist der glücklichste Tag in meinem Leben. Nein, der zweitglücklichste. Der erste war der Tag, an dem du geboren wurdest.» Die anderen Kinder schauten sie ungläubig an, und eines sagte: «Herzlichen Dank, Mutti.»

Ein Mädchen, das ich kenne, bekam von ihrer Mutter zu hören: «Wenn du heiratest, muß der Mann an erster Stelle stehen, nicht die Kinder. Ich habe deinen Vater immer mehr geliebt als dich.» Das mag gestimmt haben, aber es war höchst unangebracht, daß sie es aussprach. Es schuf Eifersucht und gab dem Mädchen überdies das Gefühl, als könne es jederzeit zugunsten des Vaters verlassen werden.

Ein Vater, den ich kenne, sagte seinem Sohn: «Nach mir kommst du zuerst.» In einem demokratischen Familiensystem jedoch kommt *jeder* zuerst, jedermanns Bedürfnisse müssen gleichberechtigte Beachtung finden. Prioritätensetzungen und Problemlösungen müssen per Verhandlung gefunden werden. Oft wird die Familie einen Kompromiß schließen müssen, wenn zwei Primärbedürfnisse in Konflikt geraten – aber Primär*mitglieder* sollte es in einer Familie nicht geben. Alle Familienmitglieder sollten den gleichen Stellenwert haben, und jedes Kind sollte gleiche Achtung und Zuneigung genießen.

Problemlösen

Es gibt sinnvolle und sinnlose Wege, mit Irrtümern und Fehlern umzugehen, die ein Kind macht. Verlieren ausgeliehener Bücher; Zerschlagen von Fensterscheiben; Steinewerfen in der Schule und auf der Straße; das sind Probleme, die konstruktiv angegangen werden können, ehe sie sich zu kritischeren Situationen auswachsen.

Nicht sinnvoll ist es, Fehler zu katastrophalen Ereignissen aufzubauschen, als irreparable Tragödie zu deuten und unnötig streng zu bestrafen. Eltern solchen Schlages machen das Problem bergeschwer und schaffen eine Situation, in der das Kind glaubt, das Problem sei unlösbar. Positive Eltern wissen: Jedes Problem hat eine Lösung. Oft besteht ein Teil der Lösung schon darin, den Fehler als Erfahrung aufzufassen, aus der man lernen kann, nicht als vernichtendes Urteil. Positive Eltern verhelfen dem Kind zur Einsicht in seine Verantwortung, geben ihm aber andererseits nicht das Gefühl, ein unverbesserlicher Krimineller zu sein, der wegen jedes Fehltritts im Zuchthaus landet oder zugrunde geht. Ein Mädchen, das ich kennengelernt habe, durfte nach der Schule ein volles Jahr nicht aus dem Haus, weil es gegen ein Verbot der Eltern verstoßen und von einer Party verspätet nach Hause gekommen war. Die Härte der Strafe schockte und verwirrte sie, und sie hatte den Verdacht, ganz ungeliebt zu sein, weil die Eltern eine so unverhältnismäßige Strafe verhängten.

Ein gängiges Familienproblem ist die häufige Streiterei und Zankerei zwischen Geschwistern. Manche Eltern suchen den Zwist zu schlichten, indem sie die Kinder anbrüllen; wer am lautesten brüllt, gewinnt. *Cathy*, die fünf Kinder hatte, versuchte es mit dieser Methode. Wenn ihre Kinder herumschrien und sie es nicht mehr ertragen konnte, begann sie auch zu schreien oder sie wahllos zu schlagen, statt zu versuchen, der Sache auf den Grund zu gehen und eine Lösung auszuhandeln. Eines ihrer Kinder war adoptiert und schien ihr Lieblingskind zu sein. Diese offensichtliche Begünstigung erzeugte bohrende Eifersucht in der Familie. Hin und wieder suchte Cathy diese Begünstigung zu kompensieren, indem sie das Kind besonders hart bestrafte. Einmal, auf Besuch im Haus eines Bekannten, stritten sich ihre Kinder wieder, und der adoptierte Junge schlug seine jüngere Schwester. Cathy verlor die Selbstbeherrschung und gab ihm eine Ohrfeige. Er erwiderte: «Das machst du nur, weil ich adoptiert bin.» Dies könnte man als Zeichen dafür deuten, daß das Kind sich auch in anderen Situationen ungerecht behandelt fühlte. Cathy versuchte diese Familienprobleme ohne näheres Ergründen und Aushandeln zu lösen. Bei Streit unter den Kindern sollten die Eltern die Rolle eines Schiedsmannes und Ver-

handlungsführers spielen. Eltern, die selbst Wut- und Trotzan-
fälle bekommen, machen die Probleme nur schlimmer.

Manche elterlichen Disziplinarstile können dem Kind die
Weisung vermitteln: «Sei perfekt, weil Fehler unerträglich
sind.» *Carol* erzählte, daß sie nach Mißgeschicken, etwa wenn
sie Milch verschüttet hatte, immer vor Angst fortlief und sich
versteckte. Später stellte sie fest, daß sie in ihren eigenen zwischenmenschlichen Beziehungen intolerant gegen Fehler war;
sie führte den Fluch ihrer Eltern, Fehler nicht vergeben zu können, weiter. Dies machte die Entwicklung dauerhafter Beziehungen nahezu unmöglich.

Kinder identifizieren sich oft mit den verinnerlichten Erzie-
hungsstilen ihrer Eltern. Die Kempes schreiben:

«Betrüblich oft ist bereits bei neueingeschulten Kindern festzustellen, daß sie die Strafen, die ihre Eltern über sie verhängen, vollkommen begründet und gerecht finden. Gewöhnlich hat ein solches Kind
sehr große Angst davor, in Schwierigkeiten zu geraten, und wenn
Schwierigkeiten auftreten, gibt es sich womöglich selbst die Schuld
daran. Es hat den Gedanken, daß es ja doch immer im Unrecht ist –
egal was es tut – und zu Recht bestraft wird, dann bereits in sein
Gewissen und sein Wertsystem eingefügt» (S. 57–58).

Wenn das Kind Angst hat, für sich selbst einzutreten und sich
gegen grausame Behandlung oder übertriebene Strafen zu wehren, erlernt es ein Verhaltensmuster, das ihm später im Leben
schadet. In *The Child in the Familiy* bemerkt Maria Montessori,
daß «blinder Gehorsam ... zum Niederwalzen der Persönlichkeit des Kindes führt, einem Niederwalzen, bei dem das Kind
eine Gerechtigkeit erfährt, die keine Gerechtigkeit ist, Verletzungen und Strafen, die kein Erwachsener dulden würde»
(S. 12; dt. Übers.).

Das Kind, das den Eltern keine Schwierigkeiten macht, ist oft
ein verängstigtes Kind. Das Kind fühlt sich zu unsicher, als daß
es sich einen Fehler, ja überhaupt Lebensfreude erlauben

könnte. Es gibt Zeiten, da jedes normale Kind das Bedürfnis spürt, über die Stränge zu schlagen. Das sichere Kind geht Risiken ein und ist bereit, die Folgen zu tragen. Das Kind, dem die Angst vor übertriebener Strafe in den Knochen sitzt, wird dagegen nie die notwendigen Risiken im Leben eingehen, es wird zu einem verschüchterten, abenteuerscheuen, unterentwickelten Menschen heranwachsen. Man kann nicht skifahren lernen, wenn man zu große Angst vor Knochenbrüchen hat; man kann nicht radfahren lernen, wenn einen die Angst zu fallen peinigt. Dies gilt für die meisten Lebensrisiken. Ich habe eine dreißigjährige Frau kennengelernt, die nie den Führerschein machen konnte, einfach weil sie zu große Anst hatte, sie könne einen Unfall verursachen. Wenn ein Erwachsener ein Risiko eingeht – er parkt etwa drei Stunden an einer Ein-Stunden-Parkuhr –, dann kennt er im Normalfall die möglichen Folgen. Was manche Eltern nicht erkennen, ist, daß dies auch für Kinder gilt. Fast immer sind sie sich der Konsequenzen ihres Handelns bewußt, und man sollte sie ermutigen, eigene Entscheidungen zu treffen und die Risiken einzugehen, die sie für notwendig halten. Ihre gesunde Entwicklung hängt davon ab.

Als gesicherte Erkenntnis gilt heute, daß das Kind von seinen Eltern erwartet, daß sie seinem Verhalten Grenzen ziehen und Orientierungsrahmen abstecken. Kinder erwarten auf ihr Handeln definitive Reaktionen. Ein elterlicher Disziplinarstil sollte danach beurteilt werden, wie wirksam und wie fair er ist. Um fair zu strafen, müssen Eltern sich die Zeit nehmen, der fraglichen Situation ganz auf den Grund zu gehen. Eine «die Verhältnismäßigkeit wahrende» Strafmaßnahme erlaubt es dem Kind, aus seinen Fehlern zu lernen, zieht ihm aber andererseits deutliche und notwendige Verhaltensgrenzen.

Ausbruch aus dem Teufelskreis

Motivation und Erwartung

Im Abschnitt über zelebrierende Eltern, die anspornen, indem sie die guten Ereignisse feiern, habe ich die wichtige Rolle angesprochen, die Eltern dabei spielen, wenn sie ihr Kind zu sinnvollen Lebenszielen motivieren. Eltern haben tiefen Einfluß auf das Selbstvertrauen, die Lebenswünsche und letztlich die Lebenserfüllung des Kindes. Wer seine Kinder wirksam zu motivieren versteht, hilft ihnen, flexible, fähige, funktionierende Erwachsene mit Selbstvertrauen zu werden. Er vermag Erfolge des Kindes zelebrierend zu begleiten und dem Kind andererseits bei der Bewältigung von Mißerfolgssituationen zu helfen.

Positive Eltern motivieren das Kind zu Leistungen, ohne es voranzupeitschen und ohne den Versuch zu machen, es von den Zielen, die es als richtig und als sinngebend für sein Leben empfindet, abzubringen. Die Möglichkeiten eines Kindes sollten nie künstlich auf das eingeschränkt werden, was seine Eltern erreicht haben. Im Gegenteil, häufig wird ein gesundes Kind gerade versuchen, sich auf den Gebieten hervorzutun, auf denen es sein Vater oder seine Mutter nicht weit gebracht haben.

Eltern, die wissen, wie sie ihr Kind wirksam anspornen können, werden ihm helfen, wenn sie es unterstützen, loben und seine Stärken realistisch sehen und betonen. Sie werden manchmal ihr Kind nicht völlig objektiv sehen können. Obwohl es aber um ganz persönliche und subjektive Erfahrungen geht, sollte Elternsein doch realitätsverwurzelt sein. Eltern, die ständig auf den Fehlern ihres Kindes herumreiten, werden es nicht zum Erfolg motivieren. Überkritische Eltern können eine überempfindliche oder unsichere Persönlichkeit hervorbringen.

Es sollte nicht Sorge der Eltern sein, wie objektiv hübsch oder gutaussehend ihr Kind ist; Kinder haben normalerweise ein ziemlich gutes Gespür für ihre Mängel und brauchen nicht daran erinnert zu werden. Vielmehr ist es angebracht, ihren positiven Gefühlen, ihrer Zuneigung zum Kind unumwunden Ausdruck zu geben («Ich bin gern mit dir zusammen»; «Was du gerade gemacht hast, war großartig») und sich an seinen Erlebnissen und Erfahrungen mitzufreuen. Selbstsicherheit ist nötig, damit das Kind motiviert und selbstbewußt seine Ziele in der Welt erreichen kann. Hält ein Kind sich für wertlos, weil seine Eltern es immer als wertlos behandelt haben, wird es diesen Selbstzweifel aus seiner Familie in seine anderen Beziehungen hineintragen und höchstwahrscheinlich nie seine Möglichkeiten entfalten. Aber auch das andere Extrem kann gefährlich sein: Eltern, die ein Durchschnittskind allzusehr loben, leisten Frust und Zweifel Vorschub, wenn das Kind später entdeckt, wie es wirklich ist.

Viele Eltern stellen klar umrissene, hohe Erwartungen an das Kind und sind sehr verärgert, wenn das Kind eigene Wege geht und eigene Entscheidungen trifft. Solch starrer Führungsanspruch kann das Kind in wütende Auflehnung hineintreiben – oder aber bewirken, daß es sich den elterlichen Erwartungen zwar anpaßt, aber mit der Zeit seine eigene Kraft und Energie, seine Motivation und sein Gefühl für sich selbst verliert.

Eine weitere Gefahr beim Motivieren besteht darin, daß ein Elternteil das Kind auffordert: «Sei, wie ich bin!», und will, daß das Kind genau in seine Fußstapfen tritt und auf diese Weise das elterliche Ich bestätigt. Von einem solchen Manöver wird man auch sprechen können, wenn Eltern dem Kind unbewußt Mängel in den Bereichen wünschen, in denen sie selbst Defizite haben. Eltern dieses Schlages können es nicht ertragen, vom Kind übertroffen zu werden. Adäquate Eltern dagegen können die Individualität des Kindes tolerieren.

Manche Eltern wollen, daß das Kind denselben Beruf ergreift wie sie; viele Söhne und Töchter werden gewissermaßen dienstverpflichtet, im elterlichen Gewerbe oder dem elterlichen Geschäft zu arbeiten, oft in untergeordneter Stellung unter den

Eltern. Kinder scheinen mit einem natürlichen Instinkt begabt zu sein, diese Dienstverpflichtung abzuwehren, doch manche erliegen der Lockung des Geldes, lassen sich «kaufen» und in eine Lage hineindrängen, die zum Verlust des Selbstbildes führen und zu lebenslangem beruflichem Mittelmaß verurteilen kann. Wenn ein Geschäftsmann ein Kind hat, das Künstler ist, können beide aus der Beziehung Gewinn ziehen.

Hermans Großvater gründete ein Lebensmittelgeschäft, das Hermans Vater, Jack, schließlich mit dreiundsechzig erbte. Der Großvater wurde über neunzig Jahre alt. Die ersten vierzig Jahre, in denen Jack im Geschäft arbeitete, hatte er kaum irgendwelche eigenen Befugnisse, weil der Großvater wie ein Tyrann über die Firma herrschte. Jack haßte den Familienbetrieb, auch nachdem er ihn selbst übernommen hatte. Statt nun aber für seine Kinder «etwas Besseres» zu wünschen, erwartete er von seinem Sohn Herman, daß er seinerseits den Betrieb übernahm und den Familienfluch fortführte. Er wollte ihn opfern, wie er selbst geopfert worden war.

Wenn ein Kind für die Eltern arbeitet, sollten die Eltern ihm mehr bezahlen als einer normalen angestellten Kraft, weil sie durch die Loyalität des Kindes einen besonders hohen Gegenwert erhalten. Ihm nicht mehr zu zahlen als einer Fremdkraft, heißt wahrscheinlich, seinen Wert im Betrieb nicht angemessen zu entlohnen. Gelegentlich setzen manipulative Eltern ihr Kind für entwürdigende Arbeiten ein, weil sie sich von ihm bedroht fühlen. *Larrys* Vater wollte seinen Sohn bei der Arbeit an Ölquellen in Saudi-Arabien quasi in Quarantäne schicken. Er wollte Larrys Hilfe, weil er wußte, daß Larry gut arbeitete und man sich auf ihn verlassen konnte – aber er zahlte ihm nur einen geringen Lohn, weil er Larry unbewußt auch in einer abhängigen Position halten wollte.

Manche Eltern wünschen, daß ihr Kind leidet, wie sie gelitten haben. Eine junge Frau erkannte, daß der Grund, warum sie als sozialer Außenseiter aufgezogen, nie anständig gekleidet und nie zu Freundschaften mit Gleichaltrigen ermutigt worden war, darin lag, daß ihre Mutter zeitlebens ihre eigene Unpopularität gehaßt hatte. Ein Patient, dessen Vater ein latenter Homosexueller war, bekam auf seiner Hochzeit vom Vater vorgehalten: «Habe ich dir nicht gesagt, daß du nie heiraten sollst?» Damit sollte der Familienfluch weitergegeben werden: «Ich bin in der Ehe nicht glücklich, also wirst du es auch nicht werden.» Eine Mutter wünschte ihren Kindern, die über die Stränge schlugen: «Hoffentlich habt ihr später mal eigene Kinder, die euch so *gemein* behandeln, wie ihr mich behandelt.» Dieser hinterhältige Fluch kann im Kind den Wunsch erzeugen, nie Kinder zu bekommen.

Manche familiäre Verhaltensmuster sind wie Unkraut; sie überwuchern die Persönlichkeit und drohen sie zu ersticken. Eltern müssen versuchen, diese negativen Muster – ihren Familienfluch – unter Kontrolle zu bekommen und die Kinder nicht damit anzustecken.

Aufdringliche Eltern

Auch Eltern, die nicht unbedingt wollen, daß das Kind ein getreues Abbild ihrer selbst wird, können festumrissene Vorstellungen haben, was für das Kind gut ist, und diese Vorstellungen mit starkem Druck durchzusetzen suchen. Elternwunsch ist in solchen Familien Befehl. Da werden zum Beispiel detaillierte Berufspläne für die Kinder geschmiedet – oft mit verheerenden Folgen. *Silvias* Mutter legte für ihre drei Töchter drei Karrieren fest: die eine sollte Ärztin werden, die zweite heiraten und Kinder bekommen, die dritte Grafikerin werden. Die Mutter spielte hier Berufsplanerin und wollte das Schicksal ihrer Kinder allein bestimmen, wobei sie einzig von ihren eigenen narzißtischen Phantasien und Bedürfnissen ausging. Die Kinder fühlten sich wie in eine Zwangsjacke gesteckt; bei Abweichung von den mütterlichen Wünschen fürchteten sie, die Zuneigung ihrer Mutter zu verlieren.

Manche Eltern vermitteln die Botschaft, daß bestimmte Berufe unter ihrer und ihrer Kinder Würde sind. Ein Vater respektierte die Entscheidung seiner Tochter nicht, ins Bankgewerbe zu gehen, da er glaubte, sie habe ihre mathematische Begabung nicht von der väterlichen Seite der Familie. Einer meiner Patienten bekam einen Job als Babysitter angeboten, als er dreizehn war, doch die Arbeit wurde ihm vom Vater mit den Worten verboten: «Reicher Leute Kind hat das nicht nötig.» Umgekehrt kommen Eltern manchmal zu der voreiligen Auffassung, daß ihre Kinder eine bestimmte Erfolgsstufe sowieso nicht erreichen und sich deshalb mit dem zufrieden geben sollten, was sie kriegen. Eine junge Bekannte von mir wurde auf Anraten der Eltern Sekretärin. Sie haßte den Beruf, aber es war ihr nicht das nötige Selbstvertrauen eingeflößt worden, ihrer wahren Möglichkeiten zu entfalten.

Außerordentlich wichtig ist, daß die Eltern die Berufsentscheidungen ihres Kindes respektieren. Die Intuitionen und Instinkte des Kindes sind auf diesem Gebiet ein wertvoller Wegweiser und wollen Beachtung finden. *Violet* liebte die Bühne und träumte davon, Schauspielerin zu werden. Ihre Mutter verstand das falsch und interpretierte es als Wunsch nach einer Fotomodell-Karriere; sie drängte Violet zur Teilnahme an Schönheitskonkurrenzen, die Violet haßte. Taub dafür, was ihr Kind eigentlich wollte, quälte sie Violet derart, daß sie ihr schließlich die Bühne ganz verleidete. Der unglaubliche Druck trieb Violet schließlich in einen Nervenzusammenbruch.

Ein vierjähriger Junge malte eine Zeichnung verblüffend genau ab. Die Reaktion seiner Mutter, als er ihr das Bild zeigte, war, wie er später erzählte, «Ungläubigkeit und Rage». Sie sagte: «Das kann doch niemals von dir sein.» Als er vierzehn war, meinte sein Vater: «Als Künstler wirst du nie einen Pfennig verdienen.» All seine künstlerischen Versuche wurden von den Eltern abgeblockt, statt dessen schickten sie ihn auf eine Architektenschule. Er beugte sich dem elterlichen Wunsch, aber weil seine Begabung anderswo lag, schaffte er es nicht.

Positive Eltern werden zuhören, wenn das Kind über berufliche Interessen spricht, und werden dem Kind dann helfen, die Kraft und die Mittel zur Verwirklichung seiner Wünsche zu finden.

Aufdringliche Eltern suchen dem Kind auch Sexual- und Ehevorstellungen zu diktieren. Beispielsweise können Eltern von ihrer Tochter verlangen, daß sie bis zur Heirat Jungfrau bleibt; können wollen, daß die Kinder Geld- oder Standesehen eingehen; können mit Enterbung drohen, wenn Kinder einen Anderskonfessionellen heiraten, mit jemandem ohne Trauschein leben und einen Partner wählen, mit dem die Eltern nicht einverstanden sind. Viele Eltern erwarten, mit Enkelkindern beglückt zu werden, und gehen ihren Kindern unentwegt mit diesem Wunsch auf die Nerven. Das Kind wird den narzißtischen Bedürfnissen der Eltern geopfert.

Eine junge Frau erzählte mir von den Pressionen, unter die man ihre Schwester setzte, als sie heiraten wollte:

«Sie war offiziell verlobt, die Hochzeit war geplant, ein Haus gekauft, das Startkapital dazu stammte als Hochzeitsgeschenk von meinen Eltern; doch mein Vater konnte sie nicht gehen lassen. Jeden Abend beim Essen wurde ihr Verlobter seziert, jeder Fehler unter die Lupe genommen und aufgebauscht, meiner Schwester eingeschärft, sie solle sich dieses und jenes nicht gefallen lassen. Meine Mutter sagte, sie dürfe nie mit ihm allein zusammensein; er könne versuchen, das auszunutzen und sie vor der Ehe zu berühren. Schließlich gab meine Schwester dem Druck nach und löste die Verlobung. Mein Vater machte sie daraufhin dafür verantwortlich, daß sie mit dem Haus so viel Geld verloren hatten; mir sagte er, ich solle am besten durchbrennen – *das* wolle er kein zweites Mal durchmachen. Das bekamen wir nun in den nächsten vier Jahren oft zu hören, doch angeblich war es, wie meine Mutter sagte, nur ‹als Scherz› gemeint.»

Aufdringliche Eltern werden versuchen, die Persönlichkeit des Kindes überstark zu beeinflussen und ihm ein verzerrtes Bild von der Wirklichkeit zu vermitteln. Ein Vater schärfte seinem Sohn ein, er solle unpersönlich, manipulativ, kalt, hart sein – «sonst wirst du es nie zu etwas bringen.» Seine Mutter fügte hinzu: «Benimm dich, sei fleißig, sei nicht bockbeinig – sonst bleibst du ewig ein kleines Licht.» Dieser junge Mann konnte und wollte nicht so werden, wie seine Eltern ihn haben wollten, vermochte dann aber, als er eigene Wege ging und ihren Wünschen zuwiderhandelte, nie von der Sorge loskommen, ewig ein «kleines Licht» zu bleiben.

Auch in kleineren Dingen kann elterliche Kommandohaltung und die Weigerung, auf Wünsche des Kindes einzugehen, zu einer schmerzhaften Entfremdung zwischen Eltern und Kindern führen. Eine sechsundzwanzigjährige Frau erzählte mir, sie müsse es geheimhalten, daß sie Zigarretten rauche, sonst werde ihr Vater «an die Decke gehen». Sie glaubte, sie werde die Liebe des Vaters verlieren, wenn er dahinterkomme, ebenso, wie sie die Liebe der Mutter verlieren werde, wenn sie ihr verriet, daß sie keine Vegetarierin sei. Diese Eltern ließen ihre erwachsene Tochter keine eigenen Entscheidungen treffen.

Adrienne erkannte, wie ihre Abwehrhaltung gegen die vielen aufdringlichen Vorschläge ihrer Eltern zustande gekommen war. Sie hatten sie zu Klavier- und Ballettstunden gezwungen, wo sie doch lieber Schlagzeug gespielt und Step getanzt hätte; Folge: Sie verabscheute Klavier und Ballett und betrachtete sie als Bürde. Ewig forderten die Eltern sie auf, froh zu sein; daher glaubte sie, Taurigsein und Ärger nie äußern zu dürfen, und die Kommunikation riß ab. Zur Sexualität wurde ihr suggeriert: «Tu's nicht – und wenn doch, dann wenigstens ohne Genuß.» Sie wurde ziemlich promiskuitiv. Ihre Eltern forderten sie auf, einen akademischen Grad zu erwerben; dazu brauchte Adrienne elf Jahre, mit fünf Studienabbrüchen. Sie wollten, daß sie nur aus den elterlichen Erfahrungen lernte, und sie wurde selbstzerstörerisch und rebellisch, tat immer genau das Gegenteil von dem, was ihre Eltern wollten, und merkte später, daß sie dadurch ihre eigenen Bedürfnisse hintangestellt und vernachlässigt hatte. Wenn ein Kind zu einem Elternteil eine schlechte Beziehung hat, werden auch sinnvolle Ratschläge oft zurückgewiesen, weil das Kind sich behaupten muß.

Überhöhte Erwartungen

Andere Eltern stellen an die Kinder derart hohe Erwartungen, daß sie zwangsläufig enttäuscht werden. Manche Kinder können den exzessiven Erwartungsdruck durch die Eltern nicht ertragen und brechen darunter zusammen. In *Das Drama des begabten Kindes und die Suche nach dem wahren Selbst* schreibt Alice Miller:

> «Dieses Schuldgefühl, das bedrückende Gefühl, die Erwartungen der Eltern nicht erfüllt zu haben, behalten viele Menschen ein Leben lang. Es ist stärker als jede intellektuelle Einsicht, daß es doch nicht die Aufgabe eines Kindes sein kann, die narzißtischen Bedürfnisse der Eltern zu befriedigen» (S. 139).

Depression ist eine der Reaktionen, die Kinder zeigen, wenn sie überhöhten Elternerwartungen nicht gerecht werden. Eine weitere klassische Reaktion ist Magersucht. «Ein allen Familien gemeinsames Merkmal» bei Magersüchtigen, sagt Hilde Bruch im *Goldenen Käfig*, «ist, daß die zukünftige Patientin nicht als Individuum mit eigenen Rechten gesehen oder anerkannt wird, sondern vor allem als jemand geschätzt wird, der das Leben und die Erfahrungen der Eltern zufriedenstellender und vollständiger machen soll» (S. 54). Viele magersüchtige Mädchen standen unter Erwartungsdruck, perfekt zu sein, und sie wurden für Perfektion gelobt.

> «Allen gemeinsam ist die Klage, sie hätten zu viele Privilegien gehabt und sich von der Aufgabe belastet gefühlt, gemäß den Pflichten einer solch besonderen Stellung zu leben ... sie gingen dazu über, äußerst sparsam und bescheiden zu leben, ja sich selbst zu bestrafen, weil sie

von dem Gedanken beherrscht waren, sie könnten die Schuldenlast, die ihnen die Großzügigkeit der Eltern aufbürdet, niemals zurückzahlen» (S. 58).

Jean hatte zwei hochbegabte ältere Geschwister, war aber selbst nur mittelmäßig begabt. Wenn sie in der Schule Dreier schrieb und weinte, pflegte die Mutter ihr zu sagen, sie sei in Wirklichkeit ein Genie. Das Angemessene wäre gewesen, zu sagen: «Tu dein Bestes. Arbeite fleißig; die Zensuren sind nicht so wichtig.» Sie wählte aber eine schlechte Motivationsstrategie; sie erzeugte bei Jean einen Minderwerigkeitskomplex und trieb sie in eine tiefe Depression.

Ein Mann, in der Ausbildung zum Priester begriffen, kam zu der Erkenntnis, daß der Beruf nichts für ihn war, und gab das Studium auf. Reaktion des Vaters: «Das überlebe ich nicht.» Reaktion der Mutter: «Du hattest wohl nicht das Zeug dazu.» Statt die Neuorientierung des Sohnes zu unterstützen, konnten sie nur in ihre eigene Enttäuschung sehen.

Manche Eltern sind der Meinung, daß ihr Kind nur einen Beruf ergreifen sollte, in dem es Höchstleistungen erbringen kann. Als *Heidi* heranwuchs, wurde sie als die große Alleskönnerin in der Familie betrachtet. Auf allen Gebieten wurden Bestleistungen von ihr erwartet. Als sie merkte, daß sie in den Geisteswissenschaften gut war, in Mathematik und Naturwissenschaften jedoch große Schwierigkeiten hatte, wollten ihre Eltern das nicht akzeptieren. Unbeugsam beharrten sie darauf, daß sie in allem Erfolg haben müsse. Sie wollten Heidi für perfekt halten können. Unbewußt war ihre Liebe zu Heidi an Bedingungen geknüpft: Sie liebten sie nur, wenn sie die Phantasien erfüllte, die sie ihr entgegenbrachten. Heidis Eltern glaubten, sie spornten die Tochter an, wenn sie ihr versicherten, sie werde eine erstklassige Reporterin werden, der Tatsache zum Trotz, daß Heidi sich für einen anderen Beruf entschieden hatte. Sie unterstützen ihre Berufswahl nicht. Sie war das Opfer der narzißtischen Sehnsüchte ihrer Eltern; ein Konflikt bestand zwischen dem, was ihre Eltern sich für sie erträumten, und ihren tatsächlichen Talenten. Heidi reagierte auf diese übertriebenen Erwartungen mit Selbstzweifeln, mit Minderwertigkeitsgefühlen und mit Tendenzen zur Selbstbestrafung.

Auch *Brett* neigte zur Selbstgeißelung. Sie klemmte ihre Hand in Türen ein, schlug mit dem Kopf gegen Wände, schnitt sich mit Rasierklingen. Wie in vielen Fällen dieser Art machte sie keine Selbstmordgeste, verstümmelte sich aber als Strafe für ihren Selbsthaß (erzeugt durch die Enttäuschung der Eltern über sie) und als Reaktion gegen das Gefühl, daß ihre Eltern sie beherrschten. Ein Kind wird oft alles nur Denkbare tun, um sich ein Unabhängigkeitsgefühl zu verschaffen. Den eigenen Körper bluten lassen – das ist eine primitive Methode, Besitzanspruch kundzutun. Symbolisch wird damit gesagt: «Das ist mein Körper. Ich kann den Schmerz spüren und das Blut sehen, und ich kann damit tun, was mir beliebt.» Sobald Brett sich autonomer zu fühlen begann, hörten ihre selbstzerstörerischen Tendenzen auf.

Rivalität

Manche narzißtisch gestörten Eltern geben ihren Kindern doppeldeutige Motivationsbotschaften: Einerseits wollen sie, daß ihre Kinder erfolgreich werden, andererseits wollen sie von den Kindern nicht übertroffen werden.

Die meisten Kinder sind instinktiv dazu motiviert, sich auf Gebieten hervorzutun, auf denen ein Elternteil schwach ist. Gängiges Beispiel: Das Kind des erfolgreichen Geschäftsmannes schlägt die Künstlerlaufbahn ein. Manchmal wird der erfolgreiche, hochkompetitive Elternteil diese Neigung im Kind hemmen, indem er etwa das Interesse des Kindes an Kunst ideel nicht unterstützt oder finanziell nicht fördert. *Jacobs* Vater schien nicht zu wollen, daß Jacob auch nur die Spur einer eigenen Persönlichkeit entwickelte. Jedes Zeichen von Spontaneität bei

Jacob wurde sofort erstickt. Zeigte Jacob Begeisterung für eine neue Aktivität – Chemie, Musik, Sport –, fing sein Vater sofort an, daran herumzukritteln. Sein Vater schien entschlossen, sich von Jacob auf keine Weise übertreffen zu lassen. Sein Rivalitätsgefühl drückte sich dadurch aus, daß er dem Sohn nie gute Arbeitsmittel kaufte. Jacob hatte das Gefühl, daß sein Vater ihn nur liebte, solange er *keinen* Erfolg hatte.

Das Kind empfindet von Natur aus eine leichte Rivalität zu den Eltern. Es will mehr erreichen, als sie erreicht haben. Es will über sie hinauswachsen. Gesunde Eltern hoffen, daß ihr Kind erfolgreicher wird als sie oder mehr zuwege bringt, als sie im Leben zuwege gebracht haben. Wenn Eltern diese Haltung nicht haben, kann ihr Kind zum «Underachiever» werden, einem Menschen, der weniger leistet, als er könnte.

Überkritische Eltern

Überkritische Eltern können rasch die Motivation ihres Kindes zerstören. Wenn Eltern im Namen der «Objektivität» das Aussehen des Kindes, seine Freunde, seine Bemühungen kritisieren, kann das eine Grausamkeit gegenüber dem Kind bedeuten und seiner Entwicklung schaden. Diese Eltern erkennen offenbar nicht, daß positive Bemerkungen ein Kind anspornen, negative dagegen sein Selbstvertrauen, seinen Erfolgswillen und seine Fähigkeit zur Selbstveränderung zerstören können.

Justin bekam vom Vater prophezeit, er werde es nie zu etwas bringen. Dergleichen kann zur *self-fulfilling prophecy* werden: Das Kind wächst in dem Gefühl auf, daß nichts, was es tut, richtig ist. Ein Jugendlicher berichtete mir: Kam er mit einer befriedigenden Note nach Hause, hörte er: «Das ist nicht gut genug – streng dich mehr an.» Schrieb er aber eine sehr gute Note, sagte sein Vater: «Das muß eine leichte Klassenarbeit gewesen sein.» Was er auch tat, er wurde nie gelobt. Solche Kinder merken irgendwann, daß ihre Eltern nicht an sie glauben.

Überkritische Eltern schämen sich oft ihrer Kinder. Als eine junge Frau eine Abtreibung hatte vornehmen lassen, zeigte die Mutter kein Mitgefühl mit dem Trauma ihrer Tochter und bat sie lediglich: «Erzähl keinem davon». Sie erkannte nicht, wie komplex die seelische Situation für ihre Tochter war. Ihre Hauptsorge galt dem, was die Nachbarn denken würden, nicht dem schrecklichen Konflikt ihrer Tochter, die das Kind eigentlich hatte haben wollen, dann aber hatte abtreiben lassen. Eine andere junge Frau, die ihrer Mutter anvertraute, sie sei bisexuell, stellte fest, daß die Mutter es einfach nicht glauben wollte.

Die Rolle der Familie besteht darin, ein Kind aufs Leben vorzubereiten. Die Fähigkeit, in der Welt – einem schwierigen und konkurrenzgeprägten Markt – zu funktionieren, setzt ein Fundament an Selbstvertrauen und Selbstakzeptanz voraus, das sich nur auf dem Nährboden einer Eltern-Kind-Beziehung entwickeln kann, die von bedingungsloser Liebe, Unterstützung, fördernder Erziehung und Akzeptieren getragen ist. Kinder, denen ein solches Fundament fehlt, werden im Leben keine Kritik einstecken können und werden es schwer haben, ihre Chancen zu nutzen. Eltern haben ein ungeheuer starkes Vermögen, ihre Kinder zu motivieren, in ihnen Entdeckerfreude aufs Leben zu wecken und mit ihnen die Möglichkeiten zu erforschen, die ihnen offenstehen. Aber sie müssen sich dabei auf die Bedürfnisse des Kindes konzentrieren und nicht auf die stellvertretende Erfüllung ihrer eigenen narzißtischen Bedürfnisse durch das Kind.

Veränderung und Wandlung

Krisen als Anstoß zur Veränderung

Krisenhafte Einbrüche im Familiensystem machen es notwendig, daß sich etwas ändert. Ein Kind führt den Wandel im allgemeinen dadurch herbei, daß es in eine Krise gerät: Vielleicht bekommt es Asthma, eine Magersucht oder eine Depression. Es verschlechtert sich in der Schule, agiert rowdyhafte Tendenzen zu Hause aus, schließt keine Freundschaften. Es ist chronisch gereizt oder verängstigt oder zeigt antisoziales Verhalten. Um zu erkennen, daß sich etwas ändern muß, müssen Eltern sich der emotionalen Gesundheit des Kindes bewußt werden.

Oft sind es die Eltern, die einer Entfaltung der kindlichen Möglichkeiten ungewollt im Wege stehen. Indem sie kritisieren oder negative Vorbilder sind oder zerstörerisch ins Leben des Kindes eingreifen, schaffen sie die Grundlage für narzißtische Störungen. In diesen Fällen können die Probleme meist gelöst werden, wenn die Eltern das Symptom als Hiferuf auffassen. Eine Mutter sagte über ihre magersüchtige Tochter: «Wäre sie eine Maschine, würde ich sie schütteln.» Dieselbe Mutter erkundigte sich schon bei Beerdigungsunternehmen, um für den Fall gerüstet zu sein, daß ihre «halsstarrige» Tochter verhungerte. Sie erkannte nicht, daß die Magersucht der Tochter ein Hilfeschrei und eine Widerspiegelung der gestörten Verhältnisse im Familiensystem war.

Eltern können lernen, eine Änderung im Familiensystem, das dem Kind nicht mehr dienlich ist, zu erleichtern. Ein Kind will von Natur aus über die Eltern hinauswachsen und sucht ständig nach Wegen der Selbstverwirklichung. Dies schafft nahezu unweigerlich Krisen für die Eltern, da sich das Kind für seine Entwicklung nämlich instinktiv jene Gebiete aussucht, auf denen seine Eltern defizitär sind. Wird ein Kind bei seinen Bemühungen ermutigt, über die Eltern hinauszuwachsen, werden die Eltern natürlich auf die eigenen Fehler und Unzulänglichkeiten noch einmal hingestoßen. Trotzdem kann dies für die Eltern zu einer tiefen Erfüllung führen, weil sie sich dann sagen können, daß sie der Welt etwas geschenkt haben, das vorher nicht da war.

Viele Religionen gründen in dem Glauben, daß die Menschheit sich von Generation zu Generation immer mehr läutere und verbessere. Am Grunde dieser Ideen findet sich die Vorstellung, daß es das Kind ist, das die Welt von morgen ändern wird.

Eltern ändern ihr Verhalten

Beim Umgang mit Krisen im Familiensystem müssen Eltern festzustellen suchen, wo bei *ihnen* Erfüllungslücken geblieben sind und ob sie nicht eventuell die Kinder zum Ausgleich ihrer eigenen Mängel narzißtisch mißbrauchen. Dann ist eine Grundlage zur Problemlösung gegeben. Natürlich, Erkenntnis des Familienfluchs ist noch nicht gleichbedeutend mit seiner Beseitigung, und vielleicht ist es sogar unmöglich, ihn innerhalb eines Menschenlebens ganz zu beseitigen. Doch das Ziel sollte sein: in jeder Generation eine Verbesserung. Um aus dem Teufelskreis der Kindesmißhandlung auszubrechen, halten es die Kempes für wichtig, «daß man dem Elternteil hilft, zu anderen Erwachsenen leichter Beziehungen aufzunehmen, so daß er befriedigendere Beziehungen entwickeln und persönliche Unterstützung finden kann, ohne bei seinen Kindern Verständnis und Trost suchen zu müssen» (S. 112).

Wenn ein Elternteil anfängt, an seinen eigenen narzißtischen Störungen zu arbeiten, dann kann er die Wirkung ermessen, die sie auf die Kinder und auf das Familiensystem gehabt haben.

Viele in diesem Buch dargestellte Probleme können innerhalb des Systems bewältigt werden. Radikale Probleme wie körperliche Mißhandlung und sexueller Mißbrauch müssen natürlich erst völlig aus dem System ausgemerzt werden, ehe die Kinder eine Chance zu normaler Entwicklung haben. Doch in weniger schweren Fällen emotionaler Mißhandlung können Eltern lernen, ihr Verhalten so umzustellen, daß die chronische Natur des Verhaltensmusters durchbrochen wird. Keine Mutter, kein Vater kann sich in einen Wundertäter verwandeln, der jedes Problem perfekt löst, aber ungesunde Gewohnheiten lassen sich unter Kontrolle bekommen, entweder durch größere individuelle Bewußtheit oder durch die professionelle Hilfe eines Therapeuten.

Die genauen Auswirkungen, die ein vorhandener Familienfluch auf das Kind haben wird, lassen sich nicht voraussagen, wie sich an der alten Geschichte vom Alkoholiker zeigt, der zwei Kinder hat: das eine wird Trinker, das andere rührt nie einen Tropfen an, und zwar jeweils mit derselben Begründung: «Mein Vater war Alkoholiker. Da war das ja zwangsläufig.» Manche Kinder führen den Familienfluch weiter, andere lösen sich von ihm. Wenn Eltern lernen, den Fluch zu erkennen, den sie an ihre Kinder weitergeben, und wenn sie ihn zu brechen suchen, bieten sie den Kindern die beste Chance auf eine gesunde Zukunft.

Neben der Bewältigung ihrer eigenen Probleme können sich Eltern auf die positiven Ziele der Fortentwicklung des Familiensystems konzentrieren, damit es positiven, stützenden, «zelebrierenden» Interaktionen förderlich ist, die allen Mitgliedern des Systems zugute kommen. Sie können die Autoritätsverhältnisse, die Disziplinarstile, den Umgang mit Geld und Sexualität in der Familie realistisch einschätzen und dafür sorgen, daß sie die guten Absichten der Eltern widerspiegeln.

Das mißhandelte Kind findet zu sich

Kinder, die sich mit den durch die Eltern erlittenen seelischen Mißhandlungen fruchtbar auseinandersetzen konnten, können lernen, ihre negativen Erfahrungen mit den Eltern als Sprungbrett zur Veränderung zu benutzen. Sie können erkennen, daß sie den Familienfluch nicht fortsetzen wollen; daß sie das Handeln ihrer Eltern transzendieren und für sich neue Verhaltensmuster schaffen wollen.

Zunächst werden emotional mißhandelte Kinder sehr wahrscheinlich Zorn auf die Eltern spüren oder Depressionen erleiden. Diese Reaktionen jedoch ändern die Sachlage nicht. Der ganze ererbte Mißbrauchfundus muß durchgearbeitet werden, und das kann ein schmerzhafter Prozeß sein. *Valerie*, fünfundzwanzig, hörte nicht auf zu beklagen, wie schlecht ihre Mutter sie behandelt habe und wie das sie zerstört habe. Doch da Valerie nun erwachsen war, schien es müßig, immer nur mit anklagendem Finger auf die Mutter zu deuten. Die Zeit war gekommen, daß Valerie die Aufmerksamkeit auf Valerie richtete, um zu sehen, ob sie, mündig geworden, nicht den Fluch ihrer Mutter durchbrechen könnte.

Ein Kind muß zunächst den Fluch und seine Auswirkungen erkennen und dann die alten Verhaltensmuster meiden. Nur weil sich ein Verhalten eingeschliffen hat, muß man es nicht unbedingt ewig fortsetzen. «Ich habe es immer so gemacht» ist kein stichhaltiger Grund, zerstörerisches Verhalten fortzuführen. Das Chronische der krankmachenden Angewohnheiten zu durchbrechen – darauf kommt es an. Eine Frau hatte einen Traum, in dem jemand sie ins Bein biß, und sie glaubte, sie müsse diesen Jemand gewähren lassen, weil sie es ihm vorher auch schon erlaubt hatte. Ihr Unbewußtes versuchte ihr im Traum ihre masochistischen Neigungen verständlich zu machen.

Die Rolle der Therapie

«Eltern, die selbst eine Analyse erfahren haben und ihr viel verdanken, darunter die Einsicht in die Fehler ihrer eigenen Erziehung, werden ihre Kinder mit besserem Verständnis behandeln und ihnen vieles ersparen, was ihnen selbst nicht erspart geblieben war» (Freud, «Neue Folge der Vorlesungen zur Einführung in die Psychoanalyse», *Gesammelte Werke*, Bd. XV, S. 161).

Meistens wird in einer therapeutischen Behandlung eine Analyse der Kindheit und der Beziehung zu den Eltern vorgenommen werden. Obwohl es dabei zuerst scheinen mag, als suchten Therapeut wie Klient die Schuld für die Probleme des Klienten den Eltern anzulasten, versucht der Therapeut in Wirklichkeit nur, die realen Eltern weit genug wegzuschieben, um an die introjizierten Eltern heranzukommen – das verinnerlichte Elternbild, das das Kind mit sich herumträgt und das in ihm bestimmte Verhaltensmuster programmierte, die es vielleicht gern durchbrechen möchte.

Ist das Kind mißhandelt oder mißbraucht worden, dann hat es Schaden genommen, und häufig läßt sich der Schaden nicht völlig wiedergutmachen. Das Beste, das man manchmal erwarten kann, ist ein Durchbrechen des Teufelskreises durch Einsicht in die obwaltenden Mechanismen. Die Kempes glauben:

«Wenn mißhandelnde Eltern ... das Glück haben, daß ihnen eine solche Behandlung [d. h. Psychoanalyse oder Psychotherapie] angeboten werden kann, ist es ihnen vielleicht möglich, ihre Ambivalenz zu den eigenen Eltern aufzulösen und zu erkennen, wie ihre eigenen Erfahrungen sich auf ihre Beziehung zu ihren Kindern auswirken» (S. 112).

Wenn die Eltern in ihrer Zweierbeziehung nicht glücklich sind, sollten sie vielleicht eine Paartherapie erwägen. Liegt das

Problem in der Familie überwiegend bei *einem* Mitglied, sollte dieses in Therapie gehen. Liegt das Problem im Familiensystem als solchem, äußert es sich in einer Krise in der Familie und namentlich in Symptomen bei den Kindern, dann kann eine Familientherapie den Familienmitgliedern dazu verhelfen, daß sie verhandeln lernen – daß sie miteinander und nicht gegeneinander arbeiten. So oder so: Nur durch ausdauernde Beharrlichkeit kann der Bann des Familienfluchs gebrochen und können Kinder ermutigt weden, ein produktives, erfüllteres Leben zu führen.

Ausblick

Es besteht Grund, großes Vertrauen in die Fähigkeit der Menschen zu setzen, ihr Verhalten zu ändern und zerstörerische Muster zu durchbrechen. Ausschlaggebend ist der Veränderungs*wille*; er gibt Menschen die Fähigkeit, ihr Handeln zu kontrollieren und neue Muster liebevollen Aufeinander-Eingehens zu schaffen. Das positive Wachstum des einzelnen innerhalb eines stützend-tragenden Familiensystems gibt dem Leben aller Mitglieder Sinn und hilft ihnen bei der Erfüllung ihrer individuellen Bestimmung. John Bowlby meint:

«Die von Vätern und Müttern für die Kinder geleisteten Dienste werden für so selbstverständlich gehalten, daß ihre Größe vergessen wird. In keiner anderen menschlichen Beziehung stellen sich Individuen so vorbehaltlos und so beständig anderen zur Verfügung. Dies trifft sogar auf schlechte Eltern zu – eine Tatsache, die von ihren Kritikern allzu leicht vergessen wird, besonders von solchen, die nie für eigene Kinder zu sorgen hatten. Man darf nicht übersehen, daß sogar eine schlechte Mutter, die ihr Kind vernachlässigt, dennoch viel für es tut» *(Mutterliebe und kindliche Entwicklung, S. 70).*

Wir befinden uns in einer Übergangsphase in der Geschichte der Familie, in einer Zeit, in der Eltern wie Kinder erkennen, wie wichtig die Erfüllung ihrer persönlichen Bedürfnisse ist, andererseits aber immer noch lernen, wie sich die manchmal widerstreitenden Bedürfnisse der einzelnen Mitglieder innerhalb des Familiensystems befriedigen lassen.

In der großen Zahl alleinerziehender Eltern spiegelt sich heute das vorrangige Streben vieler Eltern nach Selbsterfüllung und

Selbstverwirklichung. Eltern bleiben nicht mehr so oft «der Kinder wegen» in unglücklichen Beziehungen zusammen, sondern beenden lieber die Ehe, die nicht mehr auf ihre Bedürfnisse eingeht. Doch diejenigen, die zusammenbleiben, weil sie ihr Familienleben als existentiellen Bestandteil ihres eigenen Schicksals empfinden, sind die Eltern, die für ihre eigene menschliche Entwicklung wie für die ihrer Kinder die besten Rahmenbedingungen bieten.

Ziel der gesunden Familiengemeinschaft ist die bestmögliche persönliche Entwicklung *aller* Mitglieder. Diesen Wachstumsprozeß können Eltern bei ihren Kindern fördern, indem sie versuchen, den Familienfluch zu bannen durch flexibles, unterstützendes, «zelebrierendes» Geben und Nehmen zwischen Eltern und Kind.

Literaturverzeichnis

Asper, Kathrin: Verlassenheit und Selbstentfremdung. Neue Zugänge zum therapeutischen Verständnis. 1987. Olten und Freiburg im Breisgau: Walter, 4. Aufl. 1991.

–: Von der Kindheit zum Kind in uns. Lebenshilfe aus dem Unbewußten. 1988. Olten und Freiburg im Breisgau: Walter, 2. Aufl. 1989.

Bowdy, Fawn M.: Thomas Jefferson: An Intimate History. New York: W. W. Norton & Co. 1974.

Bowlby, John: Mutterliebe und kindliche Entwicklung. Deutsch von Ursula Seemann. München: Reinhardt 1972.

Bruch, Hilde: Der Goldene Käfig. Das Rätsel der Magersucht. Frankfurt a. M.: Fischer Taschenbuch Verlag 1982.

Erikson, Erik: Kindheit und Gesellschaft. Stuttgart: Klett-Cotta, 9. Aufl. 1984.

Fordham, Michael: Individuation in Childhood. In: Joseph B. Wheelwright (ed.), The Reality of the Psyche. New York: G. P. Putnam and Sons 1968.

Franklin, Benjamin: The Works of Benjamin Franklin, Bd. II, hrsg. von Jared Sparks Boston: Whittmore, Niles and Hall 1856.

Freud, Sigmund: Neue Folge der Vorlesungen zur Einführung in die Psychoanalyse. In: *Gesammelte Werke,* Bd. XV. Frankfurt/London: S. Fischer, 5. Aufl. 1969.

–, und *Bullitt, W. C.:* Thomas Woodrow Wilson, 28th President of the United States: A Psychological Study. Boston: Houghton Mifflin 1967.

Fromm, Erich: Die Kunst des Liebens. In: Gesamtausgabe, Bd. IX. München: Deutscher Taschenbuch Verlag 1989.

Guggenbühl-Craig, Adolf: Macht als Gefahr beim Helfer. Basel 1971.

Harding, Esther: The Archetypical Images of Father and Mother. New York: C. G. Jung Foundation 1963.

Jacoby, Mario: Scham-Angst und Selbstwertgefühl. Ihre Bedeutung in der Psychotherapie. Olten und Freiburg im Breisgau: Walter 1991.

Jung, C. G.: Gesammelte Werke [= GW], 20 Bände, hrsg. von Lilly Jung-Merker, Elisabeth Rüf und Leonie Zander. Olten und Freiburg: Walter 1971 ff.

Kempe, Ruth S., und *C. Henry Kempe*: Kindesmißhandlung. Deutsch von Thomas M. Höpfner. Stuttgart 1980.

Lebéus, Angelika-Martina: Liebe auf den zweiten Blick. Eine Mutter und ihr behindertes Kind. Vorw. v. Erika Schuchardt. Olten und Freiburg im Breisgau: Walter 1989.

May, Rollo: Liebe und Wille. Deutsch von Brigitte Stein. Köln: Edition Humanistische Psychologie 1988.

Merz, Markus: Schwangerschaftsabbruch und Beratung bei Jugendlichen. Eine klinisch-tiefenpsychologische Untersuchung. Olten und Freiburg im Breisgau: Walter 1988.

Miller, Alice: Das Drama des begabten Kindes und die Suche nach dem wahren Selbst. Frankfurt a. M.: Suhrkamp 1979.

Montessori, Maria: The Child in the Family. New York: The Hearst Corporation, Aaron Books 1970. Deutsch: Das Kind in der Familie. Wien 1926.

Schwartz-Salant, Nathan: Die Borderline-Persönlichkeit. Vom Leben im Zwischenreich. Deutsch von Sabine Osvatic. Olten und Freiburg im Breisgau: Walter 1991.

Wynne, Edward: Artikel im «Wall Street Journal», New York, 23. 8. 1982.

Zabriskie, Beverly: Incest and Myrrh: Father-Daughter Sex in Therapy. In: Quadrant: Journal of the C. G. Jung Foundation for Analytical Psychology, Herbst 1982, S. 15.

Angelika-martina Lebéus

Liebe auf den zweiten Blick

Eine Mutter und ihr behindertes Kind
Vorwort von Erika Schuchardt
3. Auflage 1991
263 Seiten, Broschur

«Daß eine Mutter ein behindertes Kind zur Welt bringt, passiert immer und überall. Als Angelika-martina Lebéus ihre Tochter gebar und die Diagnose ‹Mongolismus› erfuhr, brach es ihr zuerst das Herz. Die Hinwendung zu diesem Kind, die Liebe zu Klarissa – das kam erst viel später. Sie hat über diese Beziehung ein Buch geschrieben, das sehr ehrlich Auskunft gibt. Diese Liebe hat sie viel gekostet – Kraft Überwindung, Mut...
Das Buch kann vielen Müttern in ähnlicher Situation Mut machen – gerade weil es sehr menschlich und ehrlich die Abneigung der ersten Zeit schildert. Die Autorin gibt zu, daß es eine Liebe auf den zweiten Blick war – dafür aber eine umso stärkere Liebe.» *Frankfurter Rundschau*

Walter-Verlag

Guy Corneau

Abwesende Väter - Verlorene Söhne

Die Suche nach der männlichen Indentität
Aus dem Englischen von Dirk Muelder
240 Seiten, Leinen

Ein Buch, das ein verbreitetes Phänomen aufgreift,
nämlich die unvermeidlichen Folgen, von denen Söhne
betroffen werden, wenn in der Familie der Vater überwiegend abwesend ist, besonders, wenn seine Abwesenheit auch eine innere darstellt. Für Eltern, Erzieher und
Betroffene ein wichtiges, konkretes und hilfreiches
Buch.

Markus Merz

Schwangerschaftsabbruch und Beratung
bei Jugendlichen

Eine klinisch-tiefenpsychologische Untersuchung
134 Seiten, Broschur

«Es ist ein mutiges und auch unbequemes Buch, sowohl für
die Befürworter als auch die Gegner des Schwangerschafts-
abbruchs. Merz dokumentiter sorgfältig seine ganz persönliche klinische Erfahrung mit 33 jugendlichen Schwangeren,
für die er als psychiatrischer Konsiliarius die Indikation zum
Schwangerschaftsabbruch gestellt hat. Die aufgezeigten Probleme gelten nicht allein für jugendlich Schwangere, sondern in einem größeren Ausmaß, als uns lieb ist, auch für erwachsene Frauen.» *Deutsche Krankenpflege, Stuttgart*

Walter-Verlag

Kathrin Asper

Schritte im Labyrinth der Psychotherapie

Tagebuch einer Analytikerin
288 Seiten, Broschur

Eine Psychotherapeutin schaut sich bei der Arbeit über die Schulter und schildert in einem Tagebuch, welche Gefühle und Überlegungen die Ereignisse des Tages in ihr auslösen und was diese wiederum für ihre weitere Tätigkeit bedeuten.

Verena Kast

Liebe im Märchen

126 Seiten, Broschur
1. und 2. Auflage 1992

Wie sehr die Fähigkeit zu Liebe und Partnerschaft von den frühen Beziehungen eines Menschen zu seinen Eltern abhängt, wird anhand von fünf Märcheninterpretationen aufgezeigt. Die Suche nach dem Partner und damit verbunden nach sich selbst ist dabei zentral.

Uta Klawitter

Die Weisheit des Körpers befragen

Bewußt-werden durch Bewegung
159 Seiten, Broschur
1. und 2. Auflage 1992

Ein Arbeitsbuch, das den Menschen anleiten will, durch das Gespräch mit seinen Körperbewegungen zur Bewußtheit und zur Klärung seiner Lebensthemen zu kommen. Grundlage ist die Methode nach Moshé Feldenkrais mit Besonderer Berücksichtigung von Wort, Sprache und Gespräch.

Walter-Verlag